京ぎをん 浜作 料理教室

四季の御献立

浜作 森川裕之

京ぎをん「浜作」

日本初の板前割烹の老舗として

現在では、京都、大阪、東京、所謂《いわゆる》三都は言うに及ばず全国津々浦々に至るまで、またジャンルにおきましても和食はもちろんのこと、フレンチ、イタリアン、中華のお店など…彼《か》のミシュランガイドの星付きのお店のほとんどが、カウンターオープンキッチン形式を取り入れておりますのは皆様ご承知の通りでございます。実は、この形式＝板前割烹を日本で最初に（少し大袈裟になりますが世界で一番早かったかもしれません）創案いたしましたのは、他ならぬ私の祖父、初代浜作主人、森川 栄でございます。今を遡る九十二年前、昭和の御代が始まって間もない昭和二年九月一日のことであります。当時、高級料理はお座敷（料理をするのとは別空間）でいただくことが定式であった時代、すべての調理工程をお客様の目の前でお見せし、そのまま出来上がりをカウンターでお召し上がりいただくというこの形態は斬新で、保守的な日本料理界において一大革命であり、旋風を巻き起こしました。

二代目の父、森川 武は昭和三十六年、京都東山の都ホテルに「和食堂浜作」を開店いたしました。当時、フレンチをはじめ洋食主体であったホテル業界において、翌三十七年、東京のホテルオークラ「山里」、昭和四十四年、大阪のホテルプラザ「花桐」は父が業務指導をして和朝食をはじめとした数々のスタイルを確立し、それが現代までの和食堂のスタンダードを定着させた嚆矢《こうし》と言えるものであります。同じく、昭和四十四年には京都大丸、高島屋の地下に食料品売り場を出店し、今で言うところのデパ地下における老舗和食料理店としてのモデルとなりました。いずれも五十年以上前のことであり、父は全く「どこ様より先に」という行動派の企業家として、浜作の店の規模を大きくいたしました。

三代目である私は、父とは真逆でバブル崩壊というご時世もあり、現場第一主義をモットーに、支店を一店一店整理し、現在は祖父の代と同じく、本店のカウンターに立って毎日すべてのお客様をお迎えしております。

爾来、戦前、戦後にかけて菊池 寛、谷崎潤一郎、川端康成等々の文士の先生方、大倉喜七郎、根津嘉一郎、山本為三郎、佐伯 勇をはじめ、京、大阪、東京の財界人、旦那衆、竹内栖鳳、福田平八郎、川喜田半泥子、北大路魯山人、河井寛次郎等の芸術家の方々、また海外からは、チャールズ皇太子、モナコのグレース公妃をはじめ、五十を超える国賓、公賓、チャールズ・チャップリン、マーロン・ブランド、イヴ・モンタンなどのスターの方々など多くの皆様をお迎えして参りました。お陰様で、数多くの文学作品や映画にも登場し、祖父、二代目である父、私に至るまで全国からのお客様で連日繁盛させていただいております。四季に亘り旬の最高の素材を、なるべく手を加えず浜作伝来のお出汁《だし》の力を借りて、一切作り置きなし、すべてお客様の目の前で仕上げる、言わば変化球なしのストレート、剛速球勝負が浜作の本領であります。中でも、昭和六十一年に昭和天皇、平成の御代に三回、上皇、上皇后両陛下にお食事を差し上げるという光栄に浴しましたことは、足掛け九十三年に亘る浜作三代の主人が最も有り難く誇りといたすところであります。

二〇二〇年には、装いも新たに創業百年へのステージを皆様にご披露いたす所存でございます。ご期待いただきますよう願はしゅうございます。

三代目浜作主人　敬白

昭和２年創業まもなくの頃、初代森川栄、女将森川フク。

京ぎをん「浜作」の麻暖簾、
デザインはバーナード・リーチ。

川端康成筆「古都の味
日本の味　浜作」。

京ぎをん 浜作 料理教室

四季の御献立 ── 目次

コラム

材料表と作り方について

◆計量の単位は、小さじ1＝5cc、大さじ1＝15cc、1カップ＝200cc。米1合＝180ccです。
◆材料で人数の記載のないものは、作りやすい分量です。
◆材料で記載した人数分は、でき上がりのおおよその目安です。掲載写真の盛り付けとは必ずしも一致していません。
◆特に表記がない場合、砂糖は上白糖、酒は日本酒、みりんは本みりん、塩は天然のにがりを含むものを用いています。
◆調理時間は目安です。様子を見て加減してください。
◆火加減は、特に表記がないものは中火で調理してください。

浜作料理教室

大定番料理を極めんとする修業の場でもあった

平成三年、思いがけず、先代の浜作主人、すなわち父、森川 武が発病から一か月も経たないうちに急逝いたしました。その時、私はまだ、二十代で大学を出てから僅かな板前修業を終えたのち、若主人として祇園の本店のカウンターに立ってはおりましたが、技術も経験もまだ皆無に等しく、到底祖父や父のようにお客様にご満足いただけるような器量を持ち合わせてはおりませんでした。

しかしながら三代目を継ぎ、当時二百人を超える従業員を抱え、千人を超える系流の板前のトップとなったわけですから、外と内とのギャップは誠に甚だしく、右往左往の毎日が続きました。

そこで、まず考えましたことが、とにかく人前でお料理を作る機会をなるべく増やし、九十年余りに亘って蓄積されたお料理の数々、すなわち、浜作のスタンダードナンバー＝定番を身につけることであります。幸いにも、営業は夜のみ、お昼はその日の仕込みに費やすというのが本店のスタイルでありましたので、昼間はできるだけその定番の試食・試作に没頭いたしました。

しかしながら、やはり単なる試作と、本番でお客様にお料理をお出しするのとでは、シチュエーションが異なり緊張感が足りません。故に、実験的にお友達を何人か集めてカウンターに座っていただき、目の前で、出来上がりだけではなく、そのプロセスも含めてお見せして、ご試食いただくことにいたしました。すると、その中の小学校の同級生であった「本家西尾八ッ橋」のお嬢さんである西尾美保さんに、「森川君、これは私らものすごく勉強になるから、お料理教室としてやってくれはったらええのに」と仰っていただき、同じく同級生の京都のお嬢様方十人を集めて、平成三年十一月に始まりましたのが第一回でございます。

大変ご好評を得て、口コミにより、半年後に二クラスになり、一年後には三クラスになり、徐々に生徒さんが増え、月計八クラス、百五十人を数える規模となり、今年で丸二十八年、通算二千三百回、延べ三万人にお通いいただいたことになります。この頃やっと、先程申しました外と内とのギャップが埋まり、数多くの生徒さんのお陰で同じお料理を繰り返し繰り返し、また繰り返し作り続けることで、そのお料理の本質を捉えることができ、烏滸《おこ》がましいことながらやっと、祖父や父と同じように浜作主人を名乗れるようになった気がいたします。要するに、私が生徒さんにお教えしたことよりも、教えることによって私が学ばせていただいたことの方が遥かに大きなものであったと感謝いたしております。

昨年には、阪神間、六甲山を借景に望む芦屋に「サロン・ド・アンティディレッタント」を新たに設けました。左の頁の写真のように、年代物のフランス・エラール社製のピアノを備えております。こちらでは、お料理教室だけではなくサロンコンサートなども四季折々に催しております。京都とは違う西洋風の典雅な雰囲気をお楽しみいただければ幸いに存じます。

上／浜作本店での料理教室風景。
下右／本書では教室の定番料理を多数収録。
ページ構成を手書きの献立で思案中のひとこま。
下左／芦屋のサロンではピアノコンサートも企画。

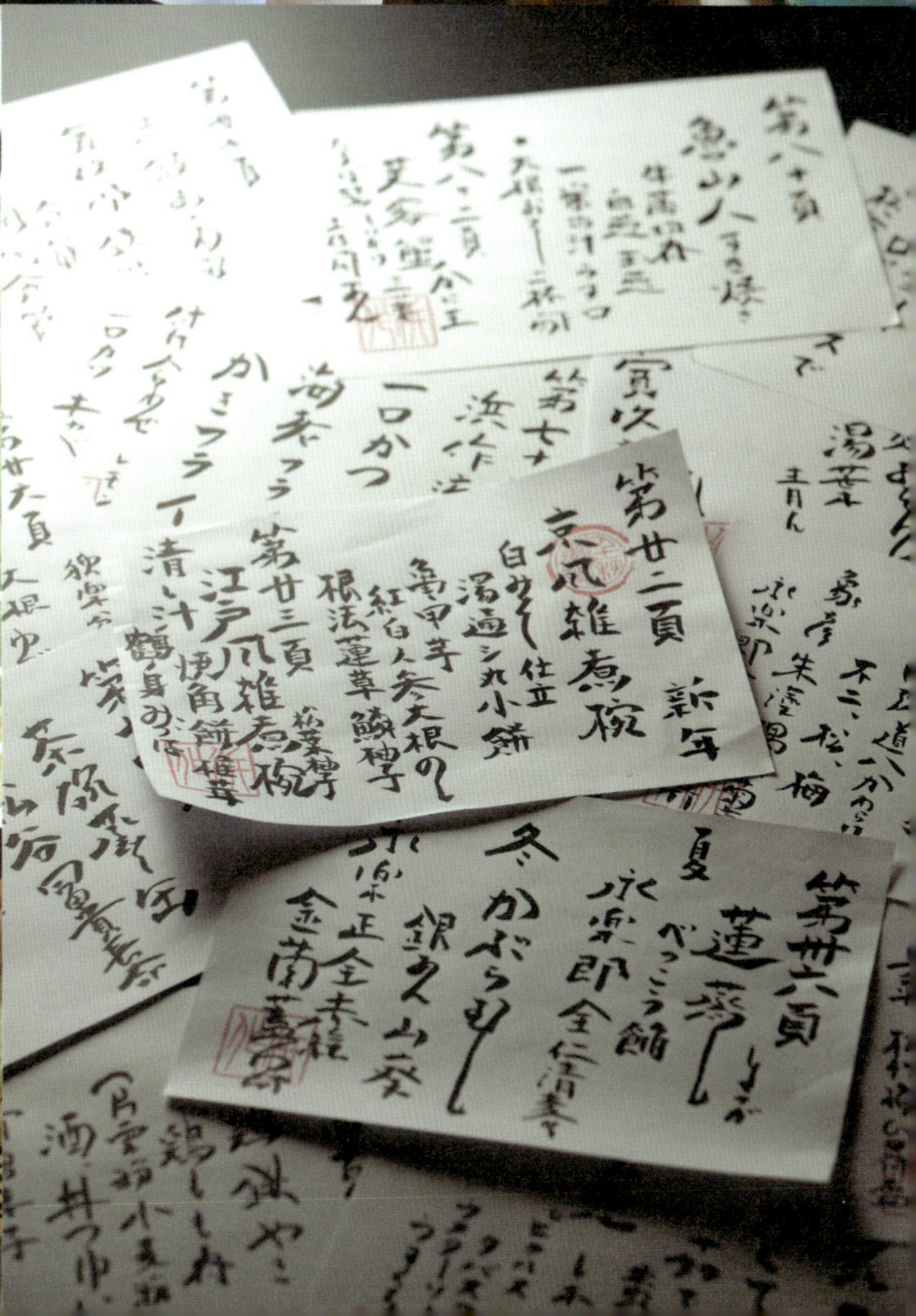
第廿二頁
京風雑煮椀
新年
第廿三頁
江戸風雑煮椀
第廿六頁
蓮蒸し
夏
冬
かぶらむし

浜作　味付けの基本

調味料は脇役

とても高価な究極の醤油やみりんなどが雑誌やテレビを賑わせておりますが、私どもでは毎日の味付けにこのようなものを使うことはまずありません。良質であって原料が自然素材且つ添加物が加えられていないことは大前提でありますが、多分皆様がご家庭でお使いになっている市販のものと変わりはないことと存じます。あくまで調味料は脇役であって、素材を引き立てるものでなければなりません。それ自体に強い個性があり、主張しすぎるものはかえって味付けのバランスに不調和をもたらします。京料理で一番活躍いたしますのは薄口醤油であります。表面的には濃口よりは色も味も主張が少なく見えますが、実は塩分は薄口の方が高いようでございます。色彩を崩すことなく、素材の持ち味を生かしながらしっかりと飽きのこない味を構成するには、薄口醤油が不可欠であります。肝心要の吸いものはもちろん、焚き合わせなど幅広く用います。

反対に濃口醤油は、醤油の個性や風味を前面に出したいとき、例えばつくだ煮や甘辛煮など、しっかり煮込む料理に最適です。また生醤油としてお造りや冷奴など直接お召し上がりになる料理には、この濃口が重宝いたします。

私どもではお砂糖を使うことはあまり好みません。お砂糖の甘さは他の味をかき分けても前へ出ようとします。甘味はそれほどの強さを持っておりますので、多用は極力慎みたいものであります。その代わり、みりんは他の調味料との相性も良く、まろやかな甘味を生み出してくれます。お酒はお魚の生臭みを消したり、調味料を加える前に使うと緩衝材のような役目を果たし、それぞれの調味料の過剰な個性を融和させ、独特のまろやかさを作り出します。お酒こそ晩酌レベルの良いお酒をお使いになれば、味も香りも一段、上質となります。

たくさんの合わせ調味料はご不要ですとお教えしていますが、「これだけは覚えておくと重宝」としているのが土佐酢、美味出汁、丼つゆ（手前より）の三種類。作り方はP126。

カウンターで味付けするときの愛用の塗りの箱。歌舞伎の初代中村吉右衛門さんの愛用だった御品を縁あって、こうして使わせていただいています。左上から時計回りで、薄口醤油、日本酒、砂糖、みりん、米酢、濃口醤油。酒は白鷹の純米酒、みりんは宝酒造製、酢はミツカン製と、決して特別なものではありません。

オリーブの木製のソルトキーパー（右）には粗塩、ガラス容器（左）にはゲランドの海塩フルール・ド・セル。海鮮には海の塩、鶏や牛などの肉類には岩塩が相性が良いようです。奥は青柚子。黄柚子や酢橘など柑橘系は香りを添える大切な調味料です。盆にしたのは、上の塗りの箱の蓋。

皆様ご案内の通り、日本料理の根幹となるものは出汁であります。今では一般に普及した昆布とかつお節を使った出汁の文化は、京、大阪を中心とした、所謂《いわゆる》上方で発達してきました。魚、肉、野菜などを何十時間も煮込んで濃厚なる旨味を抽出するという西洋料理や中華料理とは元来が目的を異にするものです。意外に思われるでしょうが、素材の純粋な旨味は十のうち三もあれば良い方で、実は七が雑味、嫌味、クセ味だと私は思います。故に、いかに七の負の味を抑えて三の正味＝旨味を出すかということに心を注がねばなりません。

「過ぎたるは猶《なお》及ばざるが如し」で、何時間も昆布やかつおを煮出したりすると、3－7＝－4となり、科学的にはアミノ酸の含有量が多くはなりますが、実にあくどい、嫌な味が出すぎ、これは日本料理として最も避けるべきものとなります。皆様の感覚では、長く濃く抽出すればするほど成功だと思われがちでありますが、この思い込みこそ後味の悪さや引っ掛かりを生む最大の原因であります。昆布、かつおとも表面の第一層から内部の芯に行けば行くほど純粋さが無くなってしまいますから、水分による浸潤が長く深く及べば段々と不純となり、折角の一番出汁が一・五番あるいは一・七番、限りなく二番手に近づくこととなります。すっきりとした旨味に溢れた淡麗なる一番出汁の美味しさこそ、私が最も皆様にお伝えしたい真味《しんみ》でございます。

浜作　味付けの基本

出汁は淡さを旨として

出汁には真昆布（尾札部《おさつべ》産）を用いる。濡れ布巾などで汚れを取る。

程良い大きさに切って鍋に入れ、常温の水を注いで弱火にかける。

一番出汁では、鮪節とかつお節（本枯れ血合い抜き）を用いる。

徐々に鍋の温度を上げ、80度前後にして10分間保ち、味見をする。

昆布の味を確認したら95度まで温度を上げて、昆布を引き上げる。

鍋の火は最小限までゆるめ、鮪節、かつお節を少しずつ振り入れる。

鮪節、かつお節は何回にも分けて丁寧に振り入れ、鍋全体に広げる。

固絞りしたネルをかけた水嚢《すいのう》ざるで漉す。絞らず落ちるに任せるように。

材料

真昆布……30g
鮪節とかつお節
……50g（合わせて）
水……1.5ℓ

お教室では出汁をとる工程をお見せしながら、味見をしていただきます。昆布だけの味、かつお節が加わった出汁、それぞれ感覚として会得いただくのが目的です。

「出汁は美味しいのは結構です。
美味しくなくてはなりません。
美味し過ぎます」
これは江戸古典落語の名人、先代桂文楽師匠の
十八番『明烏《あけがらす》』をもじった、
お教室での私の決まり文句。
どんなに良いものも、あまりに過ぎるのは
かえって逆効果であるということを
お伝えしたいのです。

四季の御献立

「浜作」の大定番

祇園本店のカウンターで、まさに板前割烹のスタイルそのままに、平成三年スタート以来、料理教室も毎月回数を重ねて参りましたが、皆様に評判のよろしかったお料理は、やはり季節の訪れがダイレクトに感じられるお料理、定番ながら素材がぐんと前面に出るお料理。そしてお馴染みのお惣菜でも、作り方でおもてなしの一品になるお料理です。

家族と祝う正月料理こそ、日本料理の大定番

御正月

祝肴

普段どんなに忙しくなさっている方でも、お正月の三が日だけはご家族揃ってのんびりと食卓を囲んで過ごしていただきたいものであります。生活スタイルが洋風となった今日であっても、口取りは縁起物の日本古来の三種と御雑煮で新年を寿《ことほ》ぎます。

料理の作り方はP22～23参照

お江戸風

数の子　黒豆　田作り

浜作会八百回記念 叶 松谷造　赤絵金襴手八角徳利
清風与平造　松竹梅絵染付盃
永楽即全造　浅黄交趾白波皿
輪島塗松唐草折敷

京風

数の子　黒豆　叩きごぼう

楽 覚入造　赤楽燗器　　平安象彦造　朱塗祝儀盆
仁阿弥道八造　絵替わり土器

わが家の味、ふるさとの味、日本の美味遺産

御雑煮

昔からお餅はごく限られたハレの日にいただくものであり、とても高価で誠に有り難いものであります。お雑煮はこのお餅を主とすることには変わりありませんが、日本中お国自慢のいろいろな組み合わせが伝承されております。代表的なものが、すっきりとした澄まし仕立てのお江戸風と、まったりとした白味噌仕立ての京風が好対照でございます。

料理の作り方はＰ23～24参照

お江戸風
澄まし仕立て

角餅　鶏ささみ　金時人参　大根
糸三つ葉　ほうれん草　柚子皮

黒田辰秋造　溜漆欅大平椀

京風
白味噌仕立て

丸餅　小芋　金時人参　大根
根三つ葉　柚子皮

黒田辰秋造　溜漆欅大平椀

お赤飯と鉢ものを組み合わせて

新年の祝膳

忙《せわ》しないもので、夏が終わると有名デパートではおせち売り場が特設され、名立たる料理屋やレストラン、ホテルなどが調製するお重詰めの予約の承りが始まります。二万、三万円

紅白柚子膾《なます》

大根と金時人参の甘酢漬けです。野菜の甘酢漬けは箸休めに好まれます。蓮根などでも応用できます。

永楽即全造　交趾手付鉢

慈姑《くわい》揚げ出し

揚げたての慈姑団子、海老とほうれん草を盛り合わせます。大根おろしたっぷりの美味出汁でいただきます。みぞれ仕立てで。

叶 松谷造　瑠璃釉銀彩梅絵蓋物

のものから三十数万円に至るまで何十、何百の見本や写真が並ぶ光景は、ある意味壮観ではありますが、昨今の時期尚早な宣伝の過熱ぶりは、まさに「おせち狂騒曲」と言えるものであります。

料理屋の私がこんなことを申し上げるのは誠に烏滸がましいことでございますが、本来、新年を迎えるおせち料理こそ、ご家庭でご家人が自らお作りいただきたいお料理の筆頭に挙げられるべきものであります。豪華絢爛たる山海の珍味は並ばずとも、縁起物の三種と御雑煮、紅白膾は不可欠として、後は何かお正月らしい羹《あつもの》＝温かいもの、それに加えてお赤飯をご用意なされば、御献立としてはもう充分立派なものであります。

写真の慈姑（「芽が出る」という意味においてお正月の定番素材であります）はすりおろして、揚げ出しにいたしました。調理法は実に簡単なものでありますが、こういうときこそ、仕舞い込んでいる少し余所《よそ》行きの器を活用なさってはいかがでございましょうか。それぞれの器の力も借りて、ハレの日を華やかに寿ぐことといたしましょう。

料理の作り方はP24～25参照

おこわ蒸し

温かい赤飯に黒豆と松葉を散らし、新春を寿ぎます。網代《あじろ》の食籠に入れましたが、漆の重箱を用いてもいいでしょう。

杉地拭き漆網代食籠

祝肴三種

（P16～17）

黒豆

材料

黒豆……250g
米の研ぎ汁
砂糖……280g

作り方

1 黒豆は水洗いしてボウルに入れ、3倍量の米の研ぎ汁に一晩浸けておく。研ぎ汁を替えてさらに一晩置く。

2 黒豆を研ぎ汁ごと鍋に移して火にかけ、沸騰したらアクを取り、弱火で2～3時間煮る。

3 豆が柔らかくなったら、火からおろして冷ます。鍋のまま、水が濁らなくなるまで流水にさらし、豆にかぶる位の水を入れる。

4 水2ℓと砂糖を別の鍋に入れ、80度位に温め、黒豆を漬けるシロップを作る。

5 **3**の鍋を火にかけ、80度位に温めたら、黒豆をざるに上げて水気をきり、**4**のシロップに入れる。沸騰直前の火加減で15分程煮る。

6 味見をして、甘味が足りない場合は和三盆（材料外）を好みで足し、充分に冷ます。

松葉を用いる場合は、雌松では柔らかくて刺せませんので、雄松の松葉を使い、3粒ずつ刺します。黒豆の個数は、3、5のように、奇数の方が縁起が良いとされています。

数の子

材料

塩数の子……2本
酒……2カップ
かつお節、薄口醤油

作り方

1 数の子を薄い塩水（材料外）で塩抜きする。塩水を3、4回替えながら、ほのかに塩味が残る位まで繰り返し、ペーパータオルなどで水気を充分に拭き取る。

2 酒を鍋に入れて火にかける。沸騰させてアルコール分を飛ばしたら、かつお節ひとつかみと薄口醤油大さじ1を加えてそのまま冷まし、漉す。

3 **2**の汁に数の子を入れて、1日漬ける。

叩きごぼう

材料

ごぼう……1本
煎り胡麻……大さじ3
酢、砂糖、薄口醤油

作り方

1 煎り胡麻はすり鉢で、胡麻の粒の食感が少々残る位まで、よくする。

2 ごぼうは包丁の背で皮をこそげ落とし、すりこ木で硬い部分を叩いて3～4cm長さに切る。

3 **2**を鍋に入れて水からゆがく。強火で15分程煮て、ごぼうが柔らかくなったら、酢少々と砂糖ひとつまみを加えてさらに5分煮る。

4 **3**をざるに上げ、熱いうちに**1**のすり鉢に入れてよく混ぜ合わせる。

5 胡麻の油分が乳化してペースト状になったら、薄口醤油小さじ2を加え、ごぼうに胡麻をよく絡ませる。

田作り

材料

ごまめ……30g
みりん、濃口醤油、砂糖

作り方

1 ごまめはフライパンで、焦げ目をつけないように弱火で炒り、カラッとさせる。ざるに入れて振るい、細かいカスや、焦げた部分を落とす。

2 フライパンに、みりん大さじ3、濃口醤油大さじ2、砂糖大さじ2を入れて点火し、とろみがついてきたら**1**を加えて手早く絡め、バットに広げて冷ます。

御雑煮二種

（P18〜19）

お江戸風　澄まし仕立て

材料（4人分）

角餅……4個
鶏ささみ……1本
金時人参……適量
大根……適量
ほうれん草（葉の部分）……1／2束
糸三つ葉……1束
出汁……3カップ
薄口醤油、塩
柚子皮（松葉柚子）

作り方

1 角餅は焼く。

2 ささみは筋を取って茹で、食べやすい大きさに切る。

3 金時人参と大根は5cm角に薄く切り、茹でる。

4 ほうれん草と糸三つ葉はゆがいて冷水にさらし、水気を絞る。ほうれん草は4cm長さに切る。糸三つ葉は長いまま、結わえるように丸く形づくる。

5 出汁に薄口醤油小さじ2、塩小さじ1／2を入れ、味見をし薄口醤油で調味する。

6 お椀に**1**〜**4**の具材を、彩り良く盛り付ける。

7 **5**の澄まし汁を張り、仕上げに松葉柚子をのせ、香りを添える。

京風　白味噌仕立て

材料（4人分）

丸餅……4個
小芋……4個
金時人参……適量
大根……適量
根三つ葉……1束
白味噌（山利）……150g見当
出汁……3カップ
柚子皮

作り方

1 丸餅は湯に浸けて柔らかくする。

2 小芋は布巾で上から下に向かってこすって皮をむき、水で洗う。六角形に切り、水から茹でる。

3 金時人参と大根は7cm長さの短冊切りにして茹でる。

4 根三つ葉はゆがいて冷水にさらし、水気を絞って5cm長さに切る。

5 白味噌は出汁で溶き水嚢ざるで2~3回漉す。

6 お椀に**1**~**4**の具材と柚子皮を彩り良く盛り付ける。

7 **5**の白味噌の汁を沸騰させないように温めて張る。

新年の祝膳（P20~21）

おこわ蒸し

材料

もち米……3カップ
小豆……1カップ
塩

作り方

1 小豆は水で洗い、ざるに上げて水気をきる。

2 鍋に、たっぷりの水と**1**の小豆を入れて中火にかけ、沸騰したら火を弱め、茹で汁に色がついてきたら、ざるに上げて茹で汁を捨てる。

3 小豆を鍋に戻し、10倍程の水を入れて中火にかけ、沸騰したら火を弱め、小豆の皮が破れないように弱火で15~20分程、やや硬めに茹でる。

4 小豆をざるに上げ、茹で汁は冷まし、うち2カップ分を別にする（※）。小豆は乾燥させないようにし、冷めたら冷蔵庫に入れる。

5 もち米は洗米して**4**の茹で汁に一晩浸け、よく水分を吸い込んだ状態で蒸し布で包むようにざるに入れ、蒸気が上がった蒸し器で強火で10分蒸し、上下を返してさらに10分蒸す。

6 **4**で別にした※の茹で汁1カップと塩小さじ1をボウルに入れ、**5**のもち米と**4**の小豆を加えて混ぜ合わせる。

7 再び蒸し器で**6**を蒸す。蒸し布で包むようにざるに入れ、強火で10分蒸し、上下を返してさらに10分蒸す。

8 硬ければ※の残りの茹で汁を手で振りかけ、2~3分蒸す。柔らかくなるまで、これを繰り返す。

9 蒸し上がったら、蒸し布ごと飯台に移して冷まし、器に入れる。お好みで黒豆と松葉（材料外）を散らす。

紅白柚子膾

材料

金時人参……1／2本
大根……1／4本
甘酢［酢、水、砂糖、塩、昆布］
柚子皮

作り方

1 金時人参と大根は5cm長さの短冊切りにし、水にさらす。

2 **1**を立て塩（材料外・海水程度の塩分濃度の水）に30分以上漬ける。

3 甘酢は、酢と水各180cc、砂糖100g、塩少々、昆布5cm角1枚を合わせてひと煮立ちさせ、冷ます。

4 **2**の水気を絞り、甘酢に1時間以上漬ける。

5 甘酢から取り出し、水気をきっておく。柚子皮を合わせ、器に盛る。

慈姑揚げ出し

材料（2人分）

慈姑……6個
海老……2尾
金時人参（茹でる）……適量
ほうれん草（茹でる）……適量
美味出汁（P126参照）……1.5カップ
片栗粉、塩
大根おろし……200g
柚子皮
揚げ油

作り方

1 慈姑は芽を切り落として皮をむき、目の細かいおろし金ですりおろし、ざるにとる。

2 **1**の慈姑に、片栗粉大さじ1程度を加え、ピンポン球大に丸め、170度の油で揚げる。

3 海老は、頭と背わたを取る。鍋に水を入れ、塩少々を加えて火にかけ、沸騰したらゆがいて冷水にとる。水気をきり、殻をむく。

4 器に大根おろしを盛り、**2**の慈姑を加え、熱々の美味出汁を注ぎ、**3**の海老と輪に抜いた人参、ほうれん草を盛り、柚子皮を添える。

御献立の考え方・1

今回、この本でご披露申し上げるお料理を何品か見繕い、バランスの良い組み合わせを作ります。即ち、それが、御献立と申すものでございます。

巷間、一汁一菜、一汁三菜とは良く申したもので、ご家庭での日常のお食事とすれば、お汁ものが一椀、おかずが三品揃えば、これはもう立派なご馳走と呼べるものであります。

まず初めに、和えものかお造り、もしくはお酢のものをお出しします。これを料理屋では、先付《さきづけ》、向付《むこうづけ》等と呼び、お酒を召し上がる方には酒肴ともなるものであります。後は、焚き合わせか蒸しものが続き、お魚やお肉等の少しボリュームのある主菜を用意します。それにご飯を添えるわけですが、お酒を二献三献と重ねる方なら、ご飯をお出しするには間を置かねばなりません。ここで大事なことは、汁ものを何時《いつ》お出しするかであります。私は、お澄まし等のお椀は、主菜の前に単体としてお出しする方が、いろいろなお味に埋没すること無く、本来のお出汁の味をお楽しみいただけますし、また作り手としてもここは椀の見せ所、きっちりとしたお味付けを確認したいところであります。一方、お味噌汁の場合は、ご飯の相方としてお出しする方が効果的であります。

ご家庭では、作り手と召し上がり手が同時に着席して食卓を囲むことがほとんどだと思います。故に、10分でも15分でも前もって用意できる先付や向付（温度が冷めず常温でお出しできるもの）が重宝いたします。それを召し上がる間に、汁ものを温め、追って主菜に取り掛かるといった段取りが組めます。御献立を組み立てるときのポイントとしては、まず主菜を何にするか決め、その相性として他のものを選んで行きます。例えばメインを一口カツレツといたします。さすれば、向付はあっさりと海老と若布の酢のもの。もう一つは、お酢のきいていない小松菜と椎茸の胡麻和え。椀ものは野菜沢山の沢煮椀。もう一品は、お豆であっても、ポテトサラダであっても、きんぴらごぼうでも結構です。ご飯はまず白ご飯でございましょう。（P35に続く）

浜作

三代目

料理噺　その一

志賀直哉先生の「リズム」に学ぶこと

「マンネリズムが何故悪いか。本来ならば何度も同じ事を繰返してゐれば段々『うまく』なるから、いい筈だが、悪いのは一方『うまく』なると同時にリズムが弱るからだ。精神のリズムが無くなって了ふからだ。『うまい』が『つまらない』と云ふ芸術品は皆それである。幾ら『うまく』ても作者のリズムが響いて来ないからである」

これは志賀直哉先生の至言であります。私はこの言葉に学生時代に出会い、我が板前割烹の本質はここにあるのではないかと膝を打ちました。

先生が仰る通り、同じものを毎日繰り返し作り続けるということは、どうしても単調となります。私の経験から申し上げても、所謂、普通のお料理＝定番ばかりの献立では「月に何回もご来店いただくお客様に飽きられるのではないか」という懸念を抱き、先代から「浜作」を引き継いでからの十年位は暗中模索の日々が続きました。「何か新しいオリジナルなものを作らなければ時世や風潮に取り残されるのではないか」と漠然たる不安を抱き続けたものであります。

五十近くの年齢になって漸く、初代、二代目の主人と同じく、私の役目は新しい料理を創作するのではなく、伝統が育んできた真っ当なお料理＝古典を継承し、いきいきと今に甦らせることではなかったのかと気が付きました。例えば、名曲として有名なモーツァルトのピアノ協奏曲第二十三番は、たった一つの音符を変えても第二十三番ではなくなります。かと言って、何かを付け加えなくてもホロヴィッツやポリーニのようなマエストロがピアノを弾き、ベームやジュリーニが指揮をして、ウィーンフィルが演奏すると、たちまちその曲は活気に満ち、生気に溢れ、とても二五〇年近く経っているという古臭さは微塵も感じさせることがありません。これこそが私の目指す道であります。ごく普通の当たり前の御献立を、手順や下ごしらえに創意を加え工夫を巡らすことにより、キャビアやフォアグラ、伊勢海老、鮑などの高級食材を敢えて使わずとも、ご家庭において堂々たる一品となり得るということこそ、生徒の皆様にお伝えしたい眼目であります。

蒸しもの

敬遠する方が多くなりましたが、
継承すべき家庭料理の筆頭です

二、三十年前まで、どこのご家庭のお台所にも蒸し缶（蒸し器）が常備されておりました。徐々に電子レンジにその座を奪われ、めっきり出番が少なくなってしまいました。しかし蒸し器の効用を電子レンジで完全に代用することはできません。やはり、熱の力によって素材に火を通すだけではなく、蒸気の力によってものを柔らかくしたり、臭みを取ったり、その仕上がりには格段の差が生じます。構造は実に単純でありますが、火加減と時間のバランスを変えることで多くのお料理に対応できます。一番ポピュラーな茶碗蒸しを微妙な調整を加えて何回も何回もお作りになると、「あ、今日はびっくりする程上手くできた」というときが必ず参ります。このときこそ、その一品の「妙味」を得た瞬間です。真に、料理を作る喜びはここにあります。後は、その味の再現を試みることこそ熟達の道と言えるものであります。

左の写真は茶碗蒸しをベースにした三変化ですが、卵を使った料理は正確な計量が必要です。固くすると失敗は少なくなりますが、どうしても舌触りが良くありません。また柔らかくすると、具合は良くなりますが、固まらないというリスクも高くなります。卵に限らず、次でご紹介します蓮根や蕪蒸しにも言えることであります。できる限り舌触り滑らかで、口ほどけ良く、且つ形崩れしないというお加減を体得するには、ご自分の蒸し器を使って試行錯誤なさる外はありません。

「蒸気の力で調理するものには、代え難い美味しさがあると常々思っております。ことに、どなたにも喜ばれ、さまざまアレンジも楽しめる茶碗蒸しは、和食の佳品として継承していただきたいものです」。

茶碗蒸し三題

蛤《はまぐり》の茶碗蒸し
吸《す》い地《じ》仕立て

鴨ロースの茶碗蒸し
銀《ぎん》餡《あん》仕立て

海老と穴子の茶碗蒸し
生《き》成《な》り仕立て

料理の作り方はP32～33参照
叶 松谷造　色絵魚蓋向付（上）
赤絵金襴蓋向付（中）、瓔珞手蓋向付（下）

夏・蓮《はす》蒸し

べっこう餡仕立て

冷たいものを多く摂る夏こそ、こうした蒸しものが喜ばれます。冷えた胃腸を温めることによって、心も温まることとなります。お味付けは濃口醤油を使って甘辛のべっこう餡といたします。吸い口はおろし生姜でさっぱりと。

料理の作り方はP33～34参照

永楽即全造　仁清倣麦藁飯茶碗
中村宗哲造　溜塗盆

冬・かぶら蒸し

銀餡仕立て

京の冬を代表する名物。これまた名物の京の底冷えに耐えてじっくり甘くなった蕪は絹のようにきめ細やかで上品です。純白を生かすように、葛餡は薄口醤油と塩で調えた銀餡といたします。こちらの吸い口は山葵《わさび》でさわやかなアクセントを添えます。

料理の作り方はP34～35参照

永楽妙全造　赤絵金襴蓋向付

蒸しもの

（P28～31）

茶碗蒸し三題

蛤の茶碗蒸し　吸い地仕立て

材料（3人分）

蛤……8個位

出汁……2.5カップ

三つ葉……適量

卵……2個（約1/2カップ）

酒、みりん、薄口醤油、塩

木の芽……3枚

作り方

1 蛤は、殻を開け、貝柱を切って身を取り出す。

2 鍋に出汁を煮立たせ、**1**を潜らせた後、蛤の身は冷まし、出汁は漉しておく。

3 蛤の身を食べやすい大きさに切り、三つ葉は軸を2cm長さに切って、蒸し茶碗に盛る。

4 **2**の出汁を火にかけ、酒、みりん各小さじ1、薄口醤油少々、塩小さじ1/5弱で味を調え、冷ます。

5 蒸し器は、かろうじて沸騰している状態にしておく。

6 卵地は、**4**の出汁（2カップ）とよく溶きほぐした卵を、3・5対1で合わせて漉し、**3**の蒸し茶碗に7割程注ぎ入れる。

7 蒸し茶碗の蓋をして蒸し器に入れ、15分蒸す。蒸し器の蓋を少し開けるか蒸蓋の蒸気穴を開栓しておく。

卵地に竹串を刺して透明な汁が上がってきたら蒸し上がりです。

8 蒸し上がったら、**4**の出汁の残りを注ぎ、仕上げに木の芽をのせ、香りを添える。

鴨ロースの茶碗蒸し　銀餡仕立て

材料（3人分）

卵……2個（約1/2カップ）

出汁……2カップ（卵の量の3・5～4倍まで）

鴨ロース肉……60g

白葱……2本

おろし生姜

薄口醤油、みりん、塩、濃口醤油、酒、出汁溶き葛粉

作り方

1 卵地は、出汁2カップとよく溶きほぐした卵を、3・5対1で合わせて漉し、薄口醤油小さじ2、みりん小さじ1、塩小さじ1/5で薄く味を付ける。

2 鴨肉は薄くへぎ切りにし、濃口醤油と薄口醤油を同量混ぜておろし生姜を加えた中に、20分浸ける。

3 白葱は4cm長さに切り、表面に軽く焦げ目をつけて焼く。

4 蒸し器は、かろうじて沸騰している状態にしておく。

5 蒸し茶碗に、**2**、**3**の材料を盛り、**1**の卵地を7割程注ぎ入れる。

6 蒸し茶碗の蓋をして蒸し器に入れ、15～16分蒸す。蒸し器の蓋を少し開けるか蒸蓋の蒸気穴を開栓しておく。

卵地に竹串を刺して透明な汁が上がってきたら蒸し上がりです。

7 銀餡を作る。鍋に出汁2カップ（材料外）、酒小さじ4、みりん、薄口醤油各小さじ1、塩少々を入れて火にかけ、出汁溶き葛粉適量を加えてとろみをつける。これを**6**に掛け、おろし生姜を添える。

葛粉は水で溶かずに、出汁で溶きます。水溶き粉では水臭くなってしまいます。

海老と穴子の茶碗蒸し
生成り仕立て

材料（3人分）

卵……2個（約1／2カップ）
出汁……2カップ（卵の量の3・5～4倍まで）
百合根……1／2個
海老……3尾
焼き穴子……1／3尾
どんこ椎茸（べっこう煮）……1枚
三つ葉……適量
薄口醤油、みりん、塩
柚子皮

作り方

1 卵地は、出汁2カップとよく溶きほぐした卵を、3・5対1で合わせて漉し、薄口醤油小さじ2、みりん小さじ1、塩小さじ1／5で薄く味を付ける。

2 百合根は弁をばらして水洗いし、水からよく茹でる。
茹でた百合根に芯が残った硬い状態では、百合根の本来の美味しさは分かりません。特に蒸しものや焚き合わせでは、百合根は、なるべく形を崩さないように溶けかける寸前まで柔らかく茹でるのがコツです。

3 海老は頭と背わたを取り、茹でて冷水に落とし、殻をむいて2等分する。
殻付きのまま茹でると、身にきれいな赤色が移ります。

海老が活けの状態では、殻は非常にむきにくいです。しかし、海老を茹でて冷水に浸けることで、殻と身の収縮率の差によって、そこに一縷の隙間が生じますので、格段にむきやすくなります。

4 焼き穴子とどんこ椎茸はひと口大に切る。三つ葉は軸を2cm長さに切る。

5 蒸し器は、かろうじて沸騰している状態にしておく。

6 **2**、**3**、**4**の材料を蒸し茶碗に形良く盛り、**1**の卵地を7割程注ぎ入れる。

7 蒸し茶碗の蓋をして蒸し器に入れ、11～12分蒸す。蒸し器の蓋を少し開けるか蒸蓋の蒸気穴を開栓しておく。
卵地に竹串を刺して透明な汁が上がってきたら蒸し上がりです。

8 仕上げに柚子皮をのせ、香りを添える。

※焼き穴子とどんこ椎茸のべっこう煮の作り方はP125参照

夏・蓮蒸し
べっこう餡仕立て

材料（4人分）

蓮根……600g
鴨ロース肉……60g
百合根……1／2個
どんこ椎茸（べっこう煮）……1枚
卵白……1／2個分
出汁……500cc
濃口醤油、薄口醤油、みりん、塩、酒、
出汁溶き葛粉
おろし生姜

作り方

1 鴨肉はへぎ切りにし、濃口醤油と薄口醤油を同量混ぜておろし生姜を加えた中に、20分浸ける。

2 百合根は弁をばらして水洗いし、水からしっかり茹でる。
茹でた百合根に芯が残った硬い状態では、百合根の本来の美味しさは分かりません。特に蒸しものや焚き合わせでは、百合根は、なるべく形を崩さないように溶けかける寸前まで柔らかく茹でるのがコツです。

3 どんこ椎茸（べっこう煮の作り方はＰ１２５参照）はひと口大に切る。

4 蓮根は皮をむき、目の細かいおろし金ですりおろす。

5 おろした蓮根を水嚢ざるにとり、上から熱湯を３、４回まわし掛ける。ざるを細かく上下に振り、充分に水気をきりボウルに取る。ここで注意することは、手で押して水気を絞らないことです。おろした蓮根は、ほとんどが水分です。それを手で押して絞ってしまうと、絞りカス（繊維）とジュース（汁）に分かれてしまい、繊維が立って仕上がりにザラザラ感が残ってしまいます。

6 卵白を軽く角が立つ程度に泡立て、**5**の蓮根と軽く合わせ、みりん小さじ１／２、薄口醤油小さじ１／５、塩少々を加え、卵白の泡を潰さないように混ぜ合わせる。

7 器に**1**、**2**、**3**の材料を盛るように入れる。スプーンを使って**6**の卵白を詰めていき、材料を覆うように山高に盛る。形を整えすぎないようにふっくらとさせます。

8 蒸し器に入れて16分蒸す。

9 鍋に出汁を入れて火にかけ、酒50cc、濃口醤油大さじ１、みりん大さじ２、塩少々で味を調え、出汁溶き葛粉でとろみをつけたべっこう餡を作る。**8**の蓮蒸しに掛け、おろし生姜をのせる。
葛粉は水で溶かずに、出汁で溶きます。水溶き粉では水臭くなってしまいます。

後述のかぶら蒸しには、蕪の繊細な味を消さないように、ごく少量の薄口醤油と塩で、色をつけない銀餡を掛けます。繊細な蕪には銀餡を選び、蕪より個性の強い蓮根と鴨ロースの蓮蒸しでは、色においても味においても銀餡より少し濃い目の、濃口醤油で味付けをしたべっこう餡に替えます。〝目には目を〟の原則であります。

冬・かぶら蒸し　銀餡仕立て

材料（4人分）

小蕪……５個
海老……２尾
百合根……１／２個
焼き穴子……１／３尾
どんこ椎茸（べっこう煮）……１枚
生きくらげ……１枚
卵白……１／２個
出汁……５００cc
みりん、薄口醤油、塩、酒、出汁溶き葛粉
山葵

作り方

1 小蕪は皮を厚くむき、目の細かいおろし金ですりおろす。

2 海老は頭と背わたを取り、茹でて冷水に落とし、殻をむいて2等分する。
殻付きのまま茹でると、身にきれいな赤色が移ります。

海老が活けの状態では、殻は非常にむきにくいです。しかし、海老を茹でて冷水に浸けることで殻と身の収縮率の差によって、そこに一縷の隙間が生じますので、格段にむきやすくなります。

3 百合根は弁をばらして水洗いし、水からしっかり茹でる。
茹でた百合根に芯が残った硬い状態では、百合根の本来の美味しさは分かりません。特に蒸しものや焚き合わせでは、百合根は、なるべく形を崩さないように溶けかける寸前まで柔らかく茹でるのがコツです。

4 焼き穴子とどんこ椎茸はひと口大に切る。

5 生きくらげは細切りにする。

6 おろした小蕪を水嚢ざるにとり、上から熱湯を３、４回まわし掛ける。ざるを細かく上下に振り、充分に水気をきりボウルに取る。
ここで注意することは、手で押して水気を絞らないことです。おろした小蕪は、ほとんどが水分です。それを手で押して絞ってしまうと、絞りカス（繊維）とジュース（汁）に分かれてしまい、繊維が立って仕上がりにザラザラ感が残ってしまいます。

7 卵白を軽く角が立つ程度に泡立て、**6**の蕪と軽く合わせ、みりん小さじ1／2、薄口醤油小さじ1／5、塩少々を加え、卵白の泡を潰さないように混ぜ合わせる。

8 器に2、3、4の材料を盛るように入れ、7の卵白にきくらげを入れて軽く合わせる。スプーンを使って卵白を詰めていき、材料を覆うように山高に盛る。

白く柔らかい蕪に黒いきくらげを入れると、色合い、歯ごたえ共にアクセントになります。これが玄冬素雪（玄は黒、素は白を指します）です。

9 蒸し器に入れて12分蒸す。

10 鍋に出汁を入れて火にかけ、酒50cc、みりん小さじ1、薄口醤油、塩各少々で味を調え、出汁溶き葛粉でとろみをつけた銀餡を作る。9のかぶら蒸しに掛け、おろした山葵をのせる。

かぶら蒸しには、蕪の繊細な味を消さないように、ごく少量の薄口醤油と塩で、色をつけない銀餡を掛けます。葛粉は水で溶かずに出汁で溶きます。水溶き粉では水臭くなってしまいます。

※焼き穴子とどんこ椎茸のべっこう煮の作り方はP125参照。

御献立の考え方・2

お客様を招待なさる場合であっても、御献立の根本の筋道は変わりません。まず主菜を何にするか決め、その相性として他のものを選んで行くということになります。

ただ、少し奮発して、お造りを付けたり、先吸いものとしてお澄まし、ご飯の時にはお味噌汁と、お椀を二つにしたりという具合に、より手間ひまをお掛けになることが何よりのご馳走でございます。日頃、お料理に励まれると、どうしてもそれを披露したくなるのが人情でございます。一人でご自分のために手を掛けて美味しい料理を作る方もございましょうし、これはこれでまた、誠に結構な心持ちでございましょう。しかしながら、誰かにお召し上がりいただき、またお相伴して「あぁ今日は美味しかった」と嘆息させること程、嬉しいことはございません。こういうときこそ、料理を作る喜びを新たにし、益々の努力を促す力となります。

もう一つ大事なことに、お酒との相性がございますが、これは皆様のご気分次第、カツレツ単体にはビールでございましょうが、もちろん白ワインでも日本酒でも合わないことはございません。

このお酒にはこの小鉢ものが合うだろうか、このお造りにはこのお酒が合うだろうかと思いを巡らすときほど、至福な瞬間はありません。

あくまでも和食の本領といたしましては、渇きを癒すシャンパンやビールの後は、大抵は日本酒が最適なように思えます。元々、白いご飯や日本酒に合うようなお味付けをいたしますのが、日本料理の本来の姿でございましょう。

焚きもの

季節によって移り変わる野菜を
より美味しくいただく最上の方法

料理人は、大きく包丁方と煮方に大別できます。煮方はその名の通り、食材の煮焚きが主なる役割で吸いものも含めて味付けを司る、割烹の二字で表すところの「烹」の役割であります。京料理では、殊に煮焚きが重んじられ、お味付けの良し悪しは店の評判に直結いたします。

まず縦軸として、素材を下茹でしたり、蒸したり、油で揚げたりすることによりそのままでも食べられる状態にいたします。所謂、下茹でやアク抜きなどにより、余分なクセや嫌味を取り除き、お召し上がりやすくするために火を通して柔らかくいたします。

今度は横軸として、出汁の味を含ませその上に調味料で味付けをいたします。最初は出汁でしっかりと煮込みますが、この段階で充分に手間を掛ければ、まず失敗作は生まれません。後は甘味、お醤油、塩で味を調えればよろしいわけで、濃すぎることの無いように甘味、醤油、塩を加えてお加減すれば結構です。初めから調味料を入れては、素材は柔らかくふっくらと仕上がりません。

縦軸と横軸を使い分けて、充分火を通した

「焚き合わせは素材を揃えて、彩りや味わいの違いを組み合わせるなど、工夫します。この最もシンプルな形が『小松菜と湯葉のたいたん』。お馴染みのおばんざいですが、お出汁の美味しさが前面に出る、これもまた、立派な焚きものです」。料理の作り方はP39参照

ものにサッと味付けをなさるのがコツでございます。後は盛り合わせのコントラスト、すなわち濃淡、剛柔、海のもの・山のもの、色彩としては下の写真のように白い蕪と赤い海老に青味、黄色の柚子等々五色が揃いますと、色とりどりのはんなりとした京風の焚き合わせが完成いたします。魯山人の白磁の染付がそれを引き立てます。

小蕪の焚き合わせ

小蕪　生湯葉　車海老　ほうれん草
生粟麩　黄柚子

料理の作り方はP38参照

魯山人造　大吉祥染付鉢

小蕪の焚き合わせ

材料

小蕪……1個
生湯葉……1枚
車海老……2尾
ほうれん草……1／2束
生粟麩……1／2本
出汁……3カップ
昆布……10cm×15cm角1枚
塩、酒、みりん、たまり醤油、薄口醤油、砂糖、生姜汁
柚子皮
揚げ油

作り方

1 小蕪は4等分し、皮を厚めにむき、面取りをする(a、b)。
写真のようにうさぎ形にするのは、球体に切るのが一番ロスが少なく、器に盛りやすい形でもあるからです。このときに、包丁を止めずに一回で皮をむくと表面が滑らかになります。表面に角度がついていると、焚いている間、水の対流により摩擦が生じ、煮崩れてしまいます。

2 湯葉は縦に2等分し、4cm幅の短冊切りにする。

3 海老は頭と背わたを取り、竹串を胴体から尾に向けて刺し、真直ぐな形にする。

4 沸騰した湯に塩少々を入れて**3**の海老を茹で、色が変わったら、氷水にサッと浸け、身が温かいうちに引き上げる。

5 ほうれん草は、沸騰した湯に塩少々を入れてゆがき、氷水にとり、水気を絞って4cm長さに切る。

6 粟麩は1.5cm幅に切り、フライパンに油を多めに入れて、強火で色づくように揚げ焼きにする。ざるにとり、熱湯を掛け、流水で洗う。
揚げ麩に熱湯を掛けてから流水で締めるのは、油抜きをして余計な油を取るためです。

7 鍋に酒100cc、出汁大さじ2(分量外)を入れ、**6**の揚げ麩を加え沸騰させ強火で煮て、さらにみりん大さじ2とたまり醤油小さじ1／3を加えて煮詰める(c)。
流水で締めた揚げ麩は、煮汁を含み、ふわっと膨らみます。揚げ麩の味には、たまり醤油を加えて煮詰め、アクセントになるように甘辛く煮つけます。

8 別の鍋に出汁3カップと昆布を入れて沸かし、昆布を取り出して温めておく。

9 **1**の小蕪は、鍋にひたひたの水を入れて茹で、コトコトとゆがく。蕪に透明感が現れたら、竹串を刺して柔らかさを確かめ、ついてくるようでついてこない硬さになったら、中身の小蕪だけ**8**の鍋に移し替える。みりん大さじ1、薄口醤油大さじ1を加えて煮て、塩で味を調える。
蕪は茹でて柔らかくなると繊維が開放されますが、冷水に浸けてしまうと、せっかく開いた繊維が閉じてしまいます。これを防ぐために、蕪を茹でた汁と同じ温度の出汁に移し替えます。教室では、これを「並行移動」と呼んでいます。また、繊維が開いた蕪を出汁で煮込むと、煮えすぎて煮崩れしやすくなってしまいますが、みりんを加えて煮ると煮崩れを防げます。

10 **2**の湯葉は、鍋に出汁300cc(分量外)、薄口醤油小さじ1、砂糖少々を入れて3分程煮る。
湯葉は、良質なものは長く煮ると溶けてしまうので、短時間で煮上げます。

11 **5**のほうれん草は深皿に並べ、**9**の煮汁に浸しておく。

12 **4**の海老は串を抜き、鍋に出汁300cc(分量外)、みりん小さじ1、薄口醤油小さじ1、生姜汁少々を入れて煮る。足と殻は取り、腹に包丁で切り目を入れ、真直ぐな形に直す。

13 器の中央頂点に向かって盛り付け、柚子皮をのせ、香りを添える。

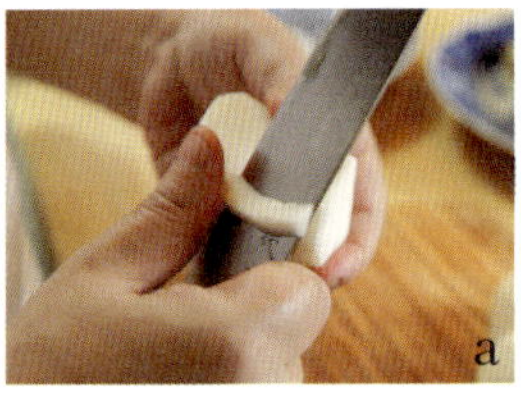

小蕪は四等分して皮を厚めにむき、面取りをする。うさぎ形にするとよい。

粟麩は揚げ焼きしてから、一度ざるにとり、熱湯をかけて流水で締め、これを煮含めていく。

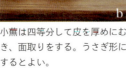

「小松菜は、菜花や水菜など季節の青菜に替えていただいても。出汁をきちんととれば、生湯葉と青菜で、こんなに美味しいのかと驚く一品になります」。

河井寛次郎造　三彩鉢

小松菜と湯葉のたいたん

材料

小松菜 …… 1／2束
生湯葉 …… 1枚
出汁 …… 2／3カップ
塩、みりん、薄口醤油

作り方

1 沸騰した湯に塩をひとつまみ加えて、小松菜の葉の部分を手で持ち、根の方を湯に浸け、少し待ってから葉の部分も入れて茹でる。

2 ざるに上げて冷まし、水気を絞って3～4㎝長さに切る。

3 生湯葉は2㎝幅の短冊切りにする。

4 鍋に出汁を温め、小松菜を入れ、みりん大さじ1、薄口醤油大さじ1／2を加え、塩少々で味を調えたら**3**の湯葉を加え、煮汁を掛けながら2～3分程煮る。

筍

筍は、長い冬の間、地中のエネルギーを蓄え続け、春の訪れと共に一気に地上に顔を出します。まさしく旬（十日間という意味）という言葉が表す通り、朝掘りとして収穫しても、刻一刻と鮮度が落ちます。故に、何よりも手早くお料理することが大切です。なるべく大きく切って、大地の精をいただきましょう。

河井寛次郎造　籐手付辰砂鉢

筍じき

材料

筍（茹でる）……中1本（約400g）
蕗……適量
出汁
酒、砂糖、薄口醤油、みりん、濃口醤油、塩
粉かつお、木の芽

作り方

1 筍は5㎝程の厚めの輪切りにする。

2 筍に隠し包丁を入れる。深さ1／3強まで細かく切り目を入れ、裏返して、同様に細かく切り目を入れる。
隠し包丁は、食べやすくするためと、煮汁を染み込みやすくするためです。

3 鍋に筍を入れ、酒2カップ、出汁100㏄を加えて強火で煮て、アルコール分を飛ばす。一度取り出し、食べやすい大きさに切って鍋に戻す。

4 筍の繊維がほぐれた状態で、砂糖小さじ1を加え、3分程煮る。この時点で6割位まで煮汁が減っているはずである。

5 薄口醤油小さじ1を加え、中火で2分煮込み、さらに薄口醤油小さじ1を加える。
煮汁が煮詰まるにつれ焦げないように火加減を調整し、薄口醤油は少しずつ加えます。

6 味見をして、足りなければみりんと濃口醤油を少しずつ加えて調味し、炒りつける。粉かつおをたっぷりまぶして器に盛る。

7 蕗は塩をまぶして板ずりし、たっぷり沸かした湯に入れて茹で、水にとる。薄皮をむいて適当な長さに切る。鍋に出汁100㏄を温め、薄口醤油小さじ1／2弱を加え、蕗を入れてさっと煮、筍に添える。木の芽を盛る。

筍の茹で方

1 土付きの筍は、土をよく洗い落とし、穂先を切って浅く皮に切り目を入れ、皮をむく（a～c）。根元の硬い部分をそぎ取る（d）。

2 大きな鍋で水からゆがく。湯に色がついたら湯を替え、これを3回繰り返し、2～3時間程茹でる（e）。
ぬかを加えるとぬかの匂いが移ります。鮮度の良い筍は入れなくても大丈夫です。湯の変色が〝アク〟の抜けているサインです。真水でゆがくことによって、最終的に色が出なくなり、アクが抜けたことを確かめることができます。

3 柔らかく茹で上がったか竹串で確認し、流水にさらし、水に浸けておく。

筍は掘ったら、何より最優先にゆがくこと。穂先は切り落とし、浅く皮に切り目を入れたら、皮をむく。

根元の硬い部分は包丁で丁寧にそぎ取る。

大きな鍋で水からゆがく。湯に色がついたら湯を替える。筍の色が湯に出なくなるまで、これを3回繰り返す。ぬかを入れずにゆがくのが浜作流。

翡翠煮《ひすいに》

材料

うすいえんどう……1kg
出汁……3カップ
粗塩、塩、酒、美味出汁、薄口醤油

作り方

1 すり鉢に氷を入れ、すりこ木で氷を転がしながら鉢をよく冷やしておく(a)。

2 うすいえんどうはさやをむく。

3 氷を取り除いたすり鉢に2と、粗塩を大さじ3程入れて、全体に軽く混ぜて馴染ませ、両手で豆をすり合わせるようにしながら塩をよく揉み込む(b)。

翡翠煮で肝心なことは塩揉みです。ザラザラしてすりやすいすり鉢と粗塩で豆の薄皮の表面を傷つけることで、火の通りや味の浸透が良くなり、早く煮ることができます。塩揉みをすると、むきたてよりも格段に鮮やかで濃い緑色になります。

4 流水で3の塩をよく洗い流し、ざるに上げる。

5 銅鍋にたっぷりの湯を沸かして塩ひとつまみを入れ、豆を加えて強火のまま茹でる。豆が完全に浮かんできたら食べてみて、硬さを確認しながら少し硬めに茹でる。

銅鍋は熱伝導率が良いので短時間でゆがけます。短時間で調理ができるので、退色を防ぎ、きれいな色のまま仕上げることができます。

6 別鍋に出汁を入れ、酒大さじ1を加えて煮立たせ、温めておく。

叶松谷造　黄彩唐草文蓋物

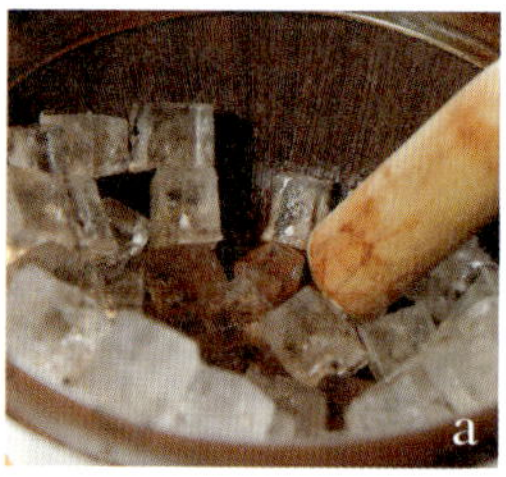

a　すり鉢に氷を入れ、すりこ木で転がして鉢を冷やす。

b　冷やしたすり鉢に豆を入れ、粗塩で塩揉みする。

c　茹でたら盆ざるに上げ、そのまま温かい出汁に移す。

d　出汁に浸けた豆は味を調えて、ゆっくり冷やす。

7 5の豆をざるに上げて水気をきり(c)、すぐに6の鍋に移し替える。

茹でたお豆は、すぐに冷やすと皮が収縮してしわが寄ってしまいますので、予め温めておいた出汁に手早く移し替えます。また、お豆が柔らかく味が染み込みやすい状態なので、出汁が浸透しやすくなります。教室では、これを「並行移動」と呼んでいます。

8 7を汁ごとボウルに移し、美味出汁、薄口醤油各小さじ1、塩小さじ1／5で味を調え、ボウルを氷水に当てながら粗熱をとる(d)。

急激に冷やすと豆にしわが寄ってしまいます。

9 味見をして、極少量の薄口醤油で味を調える。

お豆の持ち味を生かす料理ですから、極薄味で調味し、砂糖は入れず、お豆の本来の甘味を味わいます。また、塩や醤油を必要以上に入れると、浸透圧の作用でお豆にしわが寄ってしまいます。

青豆

筍と同じく、春＝陽気を最も感じさせてくれるのが青いお豆類でございましょう。出初めは特に柔らかく、塩揉みして銅鍋でゆがくだけで翡翠のような鮮やかさを放ち、見ているだけでこちらも一杯の元気をいただくこととなります。

小松菜と椎茸の胡麻和え

葱と生麩の辛子酢味噌和え

料理の作り方はP46～47参照

ほうれん草と海苔の和えもの

水菜とお揚げのお浸し

三つ葉とささみの辛子和え

河井寛次郎造　海鼠釉六角皿
河井寛次郎造　花絵湯呑

葉菜

近頃、和えものの葉野菜はサッと湯に潜らせただけの、ほとんど生野菜のような状態で扱われることが多いように見受けられますが、私はそれは和えものではなくサラダの感覚ではないかと思います。本来の葉菜はしっかりとゆがき、和え衣やお出汁に馴染ませてこそ日本料理と言えるものであります。充分ゆがくことによりクセやアクを取り、真味を引き出すことこそ、その目的であります。

葉野菜もまた、銅鍋でゆがくのがおすすめです。
シャキッとした歯ごたえを生かしたい水菜は、
サッとゆがいたらすぐに冷水にとります。

「小松菜、水菜、三つ葉、ほうれん草など、葉野菜はシンプルに茹でて、和えものに。野菜の茹で方も、食感や和え衣との馴染みをイメージしましょう。ここではご紹介していませんが、菜花のからし和えなら少し長めに、塩ひとつまみの湯で柔らかくなるまで茹でて、盆ざるに上げたら、あおぐように冷ます方が、絶対に美味しいです。冷水に浸けると色はきれいに仕上がっても、持ち味が流れてしまいます」。

小松菜と椎茸の胡麻和え

材料（2人分）

小松菜……1／2束
どんこ椎茸（べっこう煮）……1枚
煎り胡麻（白）……大さじ1
練り胡麻（白）……大さじ1
出汁……小さじ1
塩、薄口醤油

作り方

1 すり鉢に氷を入れ、すりこ木で氷を転がしながら鉢をよく冷やしておく。
すり鉢は、夏場は特に常温で置いておくと25～30度位まで温まってしまいます。お料理にとって肝心なことは、食感と温度です。冷蔵庫に入れるだけでなく、氷を入れて調理器具を冷やしておくことも大切です。特に、すり鉢はすりこ木ですることによって熱が生じますので、氷でしっかりと冷やしておくことが肝心です。これにより味が美味しく変わります。

2 煎り胡麻をすり鉢に入れ、すりこ木ですり、練り胡麻、出汁を加え、よくすり合わせる。

3 沸騰した湯に塩ひとつまみを加えて、小松菜の葉の部分を手で持ち、根の方を湯に浸け、少し待ってから葉の部分も入れて茹でる。

4 氷水にとり、水気を絞って3～4cm長さに切り、**2**のすり鉢に入れ、よく和える。

5 どんこ椎茸（べっこう煮の作り方はP125参照）は1cmの角切りにし、**4**に加えてよく和え、薄口醤油小さじ1／2で味を調える。

葱と生麩の辛子酢味噌和え

材料（2人分）

九条葱……1／2束
生粟麩……1／6本
辛子酢味噌［白の焚き味噌大さじ4、酢大さじ2、練り辛子小さじ1／4～お好みで］

作り方

1 九条葱は3cm長さに切って、柔らかくなるまでよく茹でて、ざるに上げて水気をきる。

2 生粟麩は2分程ゆがいて冷まし、1cm幅の短冊切りにする。

3 辛子酢味噌大さじ1・5と**1**、**2**を和える。
※白の焚き味噌の作り方はP126参照

三つ葉とささみの辛子和え

材料（2人分）
三つ葉……1／2束
鶏ささみ……1本
酒、塩、練り辛子、薄口醤油

作り方
1 三つ葉はサッとゆがいて氷水にとり、水気を絞って3㎝長さに切る。
2 ささみに酒、塩各少々をして、蒸気の上がった蒸し器に入れ、約7分蒸す。冷めたら細かく裂く。
3 **1**、**2**に練り辛子適量を加えて和え、薄口醤油小さじ1で味を調える。

ほうれん草と海苔の和えもの

材料（2人分）
ほうれん草……1／2束
焼き海苔……1／2（全型）
出汁、塩、薄口醤油

作り方
1 出汁大さじ2を冷やしておく。
2 沸騰した湯に塩ひとつまみを加えて、ほうれん草を茹で、氷水にとり、水気を絞り3㎝長さに切って、**1**の出汁に加える。
3 海苔を適当な大きさに切って**2**に加え、薄口醤油小さじ1／2程を入れ、味を調える。

水菜とお揚げのお浸し

材料（2人分）
水菜……1／3束
油揚……1／2枚
美味出汁（P126参照）……80cc
塩

作り方
1 沸騰した湯に塩ひとつまみを加え、水菜を30秒程茹でて氷水にとり、水気を絞って3㎝長さに切る。

水菜はサッと茹でて、特有のシャキッとした歯ごたえを生かします。

2 油揚は湯通しをして、水気を絞って1㎝幅の短冊切りにする。
3 **1**、**2**を美味出汁で和える。

蛇腹《じゃばら》胡瓜で
蛸の辛子酢味噌

胡瓜ざくで
海老と若布《わかめ》の酢のもの

胡瓜ざくで
焼き穴子の酢のもの

料理の作り方はP50~51参照
叶 松谷造　輪花瓜形赤絵金襴向付
三種絵替わり

胡瓜

夏の食卓において、最も活用すべき素材は胡瓜《きゅうり》であります。胡瓜は、切り方や味付け、合わせるものにより五変化、七変化にもなります。

ありきたりな胡瓜揉みのようなお料理を、刻み方から塩加減、またしっかりと絞ることにより、今までと違ったびっくりするような歯触りが生まれます。手間を掛けるのと掛けないのでは、これほど違いが出るのかと思えればしめたもの。実を申しますと、夏の浜作の名物はこの胡瓜の「ざく（胡瓜揉み）」であります。

誰でも簡単にできる胡瓜必勝法をお伝授いたします。

胡瓜ざく（基本）

作り方

1 胡瓜全体に塩をまぶして、艶が出てくるまで塩磨きをし、水で塩を洗い流す（a）。

2 天地を切り落とし、緑が濃い方の硬い皮をむき、縦半分に切る（b～c）。

硬い皮をむかないと、食べたときに皮が最後まで口に残り美味しくありません。

3 種はスプーンで優しく撫でるようにこそげ取り、斜め薄切りにする（d～e）。

胡瓜は、まな板に対して斜め45度に置き、包丁は縦真直ぐに構えて、薄切りにします。

4 濃い塩水に5㎝角の昆布を入れた中に、**3**の胡瓜を30～40分程漬ける（f）。

5 **4**を茶巾絞りにし、力を入れて絞り、胡瓜の水分を完全に取り除く（g～i）。

力いっぱい絞っても繊維が壊れることはありませんから、胡瓜の水分は最後の一滴まで絞り切ります。これは、濃い塩水に漬け込んでいた胡瓜の塩辛さを完全に取り除くためと、食べたときにザクッという食感を出すためです。

6 よく冷やしたボウルに**5**を入れ、土佐酢100ccを加えてよく揉み込み、汁を捨てる。同じことを2、3回繰り返し、土佐酢で洗う。

お料理にとって肝心なことは、食感と温度です。材料だけでなく、調理器具をよく冷やしておくことも大切です。これによって味が美味しく変わります。

胡瓜は塩をたっぷりまぶして、表面の汚れや粒々を取り除く。

上下のヘタを落とし、硬い濃い緑部分の皮3㎝程をむいて取る。

縦半分に胡瓜を切る。

種を軽くこそげ取る。スプーンを使って丁寧に。

斜め薄切りにする。胡瓜はまな板に対して斜め45度に置く。

濃い塩水に5㎝角の昆布を入れた中に、胡瓜を漬ける。30～40分程。

さらし布に胡瓜をとり、茶巾に絞って、水分を完全に取り除く。

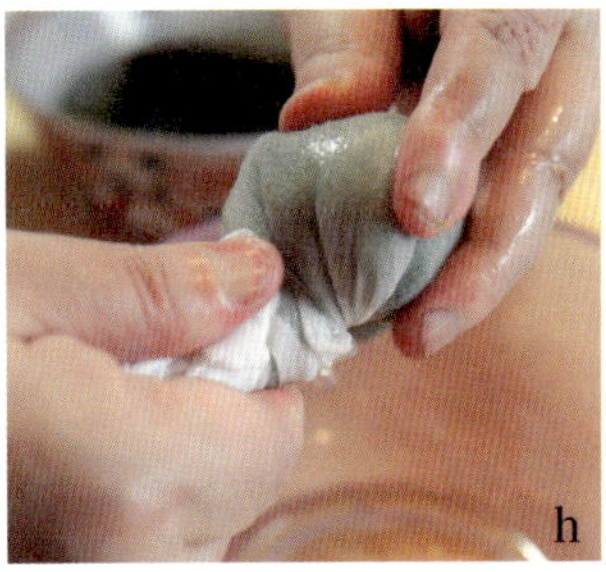

胡瓜の形が崩れるのを心配せず、最後の一滴まで絞るように徹底的に。

絞り終わり。塩水の塩辛さは取り除かれ、ザクッとした食感が生まれる。

胡瓜ざく（応用）

作り方

1 胡瓜全体に塩をまぶして、艶が出てくるまで塩磨きをし、水で塩を洗い流す。

2 天地を切り落とし、緑が濃い方の硬い皮をむき、縦半分に切る。

3 **2**の胡瓜を横から水平に3等分にへいで切り、斜めに細切りする（a～b）。

4～6 右ページの胡瓜ざく（基本）の作り方**4～6**と同様。

昆布を入れたやや強めの塩水に、30～40分漬ける。

胡瓜は縦半分に切り、厚みを3等分にして、斜めに細切りする。

蛇腹胡瓜

作り方

1 胡瓜全体に塩をまぶし、艶が出てくるまで塩磨きをし、水で塩を洗い流す。

2 天地を切り落とし、緑が濃い方の硬い皮をむく。

3 胡瓜に対して包丁を斜めに構え、胡瓜を切り離さないように、刃先をまな板に当て、手前の刃を少し浮かした状態で、1㎜間隔に、半分より少し深めに切り込みを入れていく（a）。

4 胡瓜を裏返し、同様に胡瓜の端から端まで切り込みを入れる。

5 濃い塩水に昆布を入れた中に30分程漬ける。

6 **5**を茶巾絞りにし、力を入れて絞り、胡瓜の水分を完全に取り除き、3㎝長さに切る。

7 よく冷やしたボウルに**6**を入れ、土佐酢100ccを加えてよく揉み込み、汁を捨てる。同じことを2、3回繰り返し、土佐酢で洗う。

胡瓜に斜めに切り込みを入れていく。1㎜間隔の細かさで、裏も同様に。

焼き穴子の酢のもの

材料

焼き穴子（P125参照）……1／3尾
胡瓜ざく……適量　土佐酢　柚子皮

作り方

1 焼き穴子を食べやすい大きさに切ったら、土佐酢で洗った胡瓜ざくと共に器に盛り、柚子皮を飾る。

海老と若布の酢のもの

材料

海老（茹でる）……2尾　若布（生）……適量
胡瓜ざく（応用）……適量　土佐酢　生姜

作り方

1 若布は食べやすく切り、胡瓜ざくと合わせて、土佐酢で洗う。海老をひと口大に切ったら、共に器に盛り、おろし生姜をのせる。

蛸の辛子酢味噌

材料

蛸の足……1本　蛇腹胡瓜……適量
土佐酢　辛子酢味噌（P126参照）

作り方

1 蛸は皮をむき蛇腹に切り目を入れ、熱湯でゆがいたら氷水にとり、食べやすい大きさに切って土佐酢に潜らせる。土佐酢で洗った蛇腹胡瓜と共に器に盛り、辛子酢味噌を掛ける。

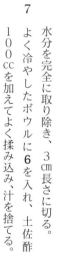

茄子

「親の意見と茄子《なす》の花は千に一つも無駄は無い」と言われるように、余程のことがない限り失敗することがない、最も栽培しやすい夏野菜であります。

お正月に見る初夢の中で「一富士二鷹三茄子」となっておりますのも、茄子が多産であるところから子孫繁栄を寿ぐ故でございましょう。葉ものがめっきり揃わなくなる初夏から盛夏、秋先までとても重宝する、安価で扱いやすい優れものであります。

京都では、葵祭を過ぎると賀茂茄子が真ん丸とたわわに実ります。本来、淡白な持ち味を抜群の相性である油で引き出すことが不可欠であります。紅白共にお味噌を合わせると、堂々たる夏の京料理の一品となります。

叶 松谷造　井桁草文染付皿
叶 松谷造　色絵木瓜皿

茄子二種

茄子の味噌炒め

材料

千両茄子……3本
赤の焚き味噌（P126参照）……50g
一味唐辛子、酒
黒胡麻
サラダ油

作り方

1 茄子は天地を切り落とし、横半分に切って、それを縦半分に切り、棒状に切る。
2 フライパンを熱し、油をたっぷり入れ、中火で茄子を炒める。油が引けばさらに油を足し、茄子全体に油がまわるように炒める（a）。
3 ボウルに焚き味噌、一味唐辛子少々、酒大さじ1を混ぜ合わせておく。
4 **2**の茄子に**3**の味噌を加えたら弱火にして、茄子とよく絡ませる（b）。
5 器に盛り付け、黒胡麻を掛ける。

a
油が茄子全体にまわるように中火で炒める。

b
甘辛い焚き味噌を加えたら弱火にし、よく絡める。

茄子田楽《でんがく》

材料

賀茂茄子……1個
赤の焚き味噌（P126参照）
白の焚き味噌（P126参照）
けしの実、木の芽　サラダ油

作り方

1 賀茂茄子は、天地を切り落とし、横に2等分する（a）。
2 断面に、箸で細かく無数の穴を開け、裏面も同様に無数の穴を開ける（b）。
3 フライパンに茄子を置き、上からサラダ油をゆっくりとたっぷりかけて弱火で焼く（c）。
無数の穴に、油がゆっくりと吸い込まれ、茄子に浸透していきます。
4 キツネ色に焼き目がついたら、裏返して、同様にサラダ油をゆっくりとたっぷりかけて弱火でじっくりと火を通す。
5 赤の焚き味噌と白の焚き味噌を7対3の割合で混ぜた味噌を、茄子の半面に陰陽の形になるようにスプーンを使ってたっぷり盛る。
6 白の焚き味噌を、残りの半面に陰陽の形になるようにたっぷり盛る（d）。
7 トースター等で、表面にかすかな焼き目をつける。
8 器に盛り、赤味噌の上にけしの実をかけ、白味噌の上に木の芽をのせる。

a
田楽には大ぶりの賀茂茄子が最適。ヘタを落とし、底を切り、横2等分にする。

b
火が通りやすいように箸の先で切り口に穴を開ける。両面共に行う。

c
茄子をフライパンに置いたら油をかけ、それを浸透させる感覚で焼いていく。

d
陰陽を描くように2色の焚き味噌を茄子にのせたら、上火で表面を軽く焼く。

牛蒡

牛蒡《ごぼう》は、細く長くのその形から長寿を連想させ、縁起の良いものであります。栄養価が低いところがダイエットによろしく、そもそもが食物繊維の塊であります。噛みごたえがあり、その独特の香りは個性の強い穴子や鰻、お肉類にもきっちりと対峙し、相性の良いものであります。

きんぴらごぼう

材料

ごぼう……1本
こんにゃく……1／2枚
牛肉（赤身薄切り）……150g
出汁、酒、濃口醤油、みりん、砂糖、
一味唐辛子
木の芽
サラダ油

作り方

1 ごぼうはささがきに、こんにゃくはゆがいて拍子木切りに、牛肉は細切りにする。

2 フライパンにサラダ油大さじ1を熱し、中火～強火でごぼうを1分程炒めたら、こんにゃくを加えて炒め、さらに牛肉を加えて肉に火を通す。

3 **2**に出汁、酒各大さじ2、濃口醤油、みりん各大さじ1、砂糖小さじ2、一味唐辛子適量を入れ、強火で水分がなくなるまで炒めたら器に盛り付け、木の芽を飾る。

ひとつのフライパンに、ごぼう、こんにゃくの順で炒め加えたら、牛肉を入れる。

細川護熙造　粉引きの手塩

穴子八幡巻き

材料

ごぼう……1本
穴子……1尾
実山椒・新生姜の甘酢漬け、タレ

作り方

1　ごぼうは縦に六つ割りにし、下茹でしたら、元の形に戻して輪ゴムで留める（a、b）。
2　穴子は水洗いして腹開きにし、半身2枚に切り分け、1枚ずつ**1**のごぼうに巻きつける。楊枝で留めたら金串を打っていく（c）。
3　金串で7本程細かく串打ちをした後、**1**の輪ゴムを外し、焼き台で焼き、熱いうちに金串を外す。
4　約3㎝長さに切り、皿に盛り付け、実山椒を散らす。
5　新生姜の甘酢漬けを添え、タレ適量を塗る。

a
ごぼうは縦に六つ割りにしたら、下茹でをする。

b
元の形にごぼうをまとめて、輪ゴムで天地を留める。

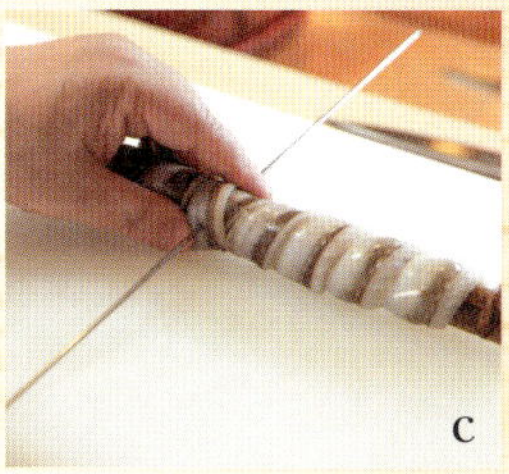
c
穴子を巻き、金串を7本程打って扇面に持ち、焼く。

タレ

1　一杯醤油［酒1：薄口醤油1］を、ひと煮立ちさせる。

新生姜の甘酢漬け

1　酢と水各180cc、砂糖100g、塩少々、昆布5㎝角1枚を合わせてひと煮立ちさせ、冷ます。
2　新生姜を薄切りして、熱湯で茹で、ざるに上げて塩を振り、冷ます。
3　**2**の新生姜を**1**の甘酢に1日漬ける。

織部作助造　半開の扇面大向付

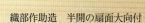

大豆

大豆は、千年以上に亘り、お米の次に日本人の食生活を支えてきた大功労者であります。明治になるまで、肉食をしない日本人にとり貴重なたんぱく源でありました。今では節分のとき位しかスポットライトが当たりませんが、お時間に余裕のあるときにゆっくり、大豆で煮豆をお作りになってはいかがでございましょう。淡い中にも味わいが重なり、人生も後半戦になってやっと分かる「慈味」がここにあります。

河井寛次郎造　辰砂梅絵小鉢

しみつかり

材料

大豆（乾燥）……50g
凍りこんにゃく……1枚
人参……1／2本
ごぼう……1／3本
いんげん豆……2本
出汁……3カップ
大根おろし……1／5本分
塩、砂糖、みりん、薄口醤油、酢橘

作り方

1 大豆は洗い、4倍量の水に一晩浸けておく。
2 凍りこんにゃくは、たっぷりの水に3時間程浸け、そのまま鍋に入れて火にかけ、煮立ったらアクを取ってざるに上げ、細かく刻む。
3 人参、ごぼうは大豆よりも小さいあられ切りにする。ごぼうは水にさらし、人参と共に、たっぷりの水で柔らかくなるまで茹でる。
4 いんげん豆は、筋を取ってヘタを切り、塩でこすり、沸騰した湯に入れて茹でる。冷水に落として色止めし、水気をきり、0.5cm長さのあられ切りにする。
5 ひたひたの水を入れた土鍋に1の大豆を入れ、蓋をして弱火でゆっくり煮る（a）。
土鍋は、お豆全体にむらなく均等に熱が伝わり、気長にコトコト煮ることでふっくらと仕上げることができます。
6 途中、差し水をして2時間程で味見をし、豆の柔らかさを確かめる。

a
大豆は一晩水に浸けて戻す。水を切って土鍋に移し、3倍量の新しい水を入れて、蓋をしたらコトコトと煮る。

c
水気をきった大根おろしを加え混ぜる。大根おろしには、酢橘を搾って口当たりをさっぱりとさせる。

7 別の鍋に出汁を温めておく。
8 豆が柔らかくなったら、6の茹で汁を1／3位に減らし、7の出汁を加え、10分程煮込む。
9 砂糖、みりん各小さじ4を加え、さらに10分程煮込み、薄口醤油小さじ4で味を調える。

b
大豆は下煮で柔らかくした後、まず出汁を加え、順次調味料を加えて仕上げていく。大豆をボウルに移す。

d
茹でて刻んだ凍りこんにゃく、あられ切りにし茹でた人参、ごぼうを加えてよく和える。

10 9の豆をボウルに移し（b）、酢橘を搾って大根おろし、2の凍りこんにゃく、3の人参とごぼうを加え、薄口醤油少々を入れてよく和える（c、d）。
11 器に盛り、4のいんげん豆を散らす。

お造り

包丁づかいが、そのまま味に
直結するのがお刺身です

車海老、烏賊
貝割菜　山葵

鯛
穂紫蘇　山葵

しび鮪、鯛
貝割菜　山葵

しび鮪
花胡瓜　生姜

烏賊、赤貝
穂紫蘇　山葵

富本憲吉造　花字染付皿

料理人の包丁方、所謂、割烹の「割」の領域においての「華」は言うまでもなくお造りでございます。東京では「お刺身」と申しますが、我が京都においては「お造り」と呼んでおります。「お造り」と言えば、洋食におけるステーキと同様、何か非日常的なご馳走を連想させ、期待値が自ずと高まります。故に、素材が九割、いや九割五分かもしれません。後の一割はなるべく鮮度を保ち、余計なことをせず、素早く真直ぐにお出しすることに尽きます。他のものは、料理法により幾分の修正を利かすことも可能ではありますが、このお造りに限りそれは叶いません。少し贅沢をしても奮発して新鮮で良質なものをお求めになることが、必須であります。後は、清潔感のあるすっきりした器に涼しげに盛り付けること、あまり盛りすぎないこと、それからもう一つ、上質な山葵が加わると、一段も二段も格が上がります。写真は、一九五五年、人間国宝第一号となられた、富本憲吉先生の「花」の字染付皿に色とりどりのお造りを盛り付けました。

お造り

鯛

作り方

1　鯛の皮を下にしてまな板にのせ、尾に包丁を少し入れたら皮をしっかりとつかみ、皮を引きながら、包丁を滑らせるようにして押し出す（a～d）。

2　へぎ造りは、手前斜めに包丁を引いて薄く切る（e～g）。

3　平造りは、真直ぐ包丁を引いて切る（h～k）。

へぎ造り

鯛の背側（上身）の皮を引く。皮を下にまな板に置く。

尾に包丁を入れたら皮をつかんで、包丁を滑らせる。

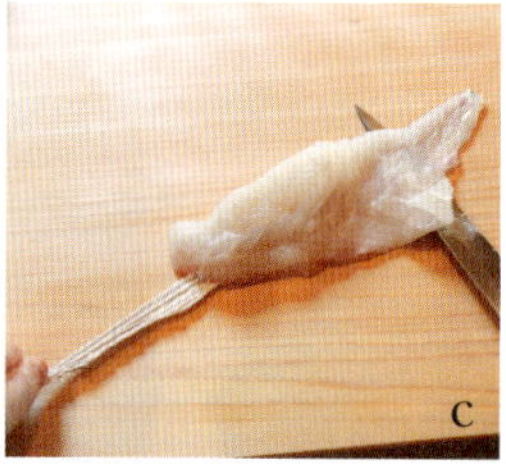

左手で皮をしっかりつかみながら、包丁を押し進める。

皮を引き終えた鯛の上身。表面の光沢が残るように。

皮を引いた側を下にし、身の高い方を向こうに置く。

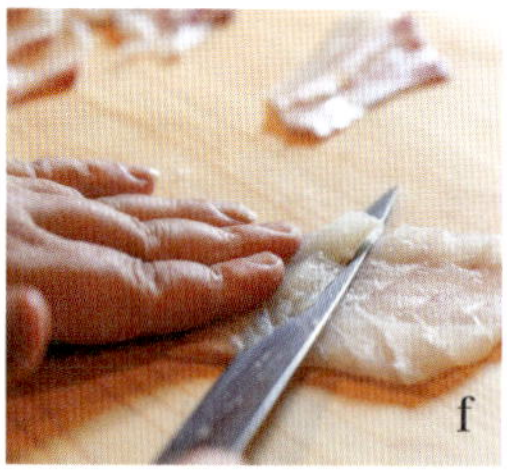

包丁を斜めに寝かせながらへぎ造りにする。

へぎ造りの厚さはお好みで3～5㎜位。

平造《ひら》り

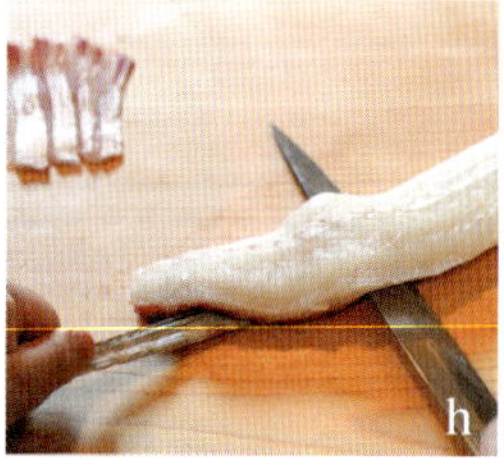

鯛の腹側（下身）の皮を引く。手順は上身と同様。

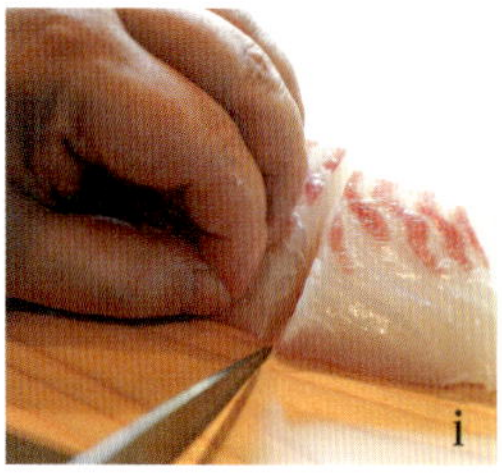

皮を引いたら、程よい長さに切り、柵どりする。

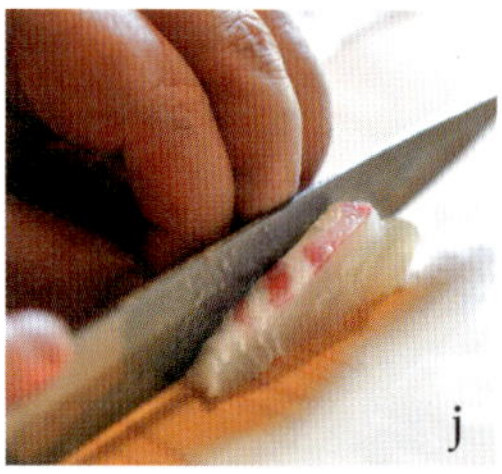

包丁を真直ぐ引いて鯛の身を切る。

紅白の色目が鮮やかな平造り。8～10㎜の厚さに。

車海老

作り方

1 車海老は、左手で胴を持ち、海老の頭の先端をまな板に直角に押し当てて、右手で頭を外し、背わたを取る（a～b）。

2 尾を切り（c）、塩を入れた沸騰湯の中に尾を入れて茹で、尾が浮いてきたら冷水にとる。

3 身を、**2**と同じ沸騰湯で霜降りし、冷水にとり、殻をむく（d～g）。

4 背に包丁を少し入れ、開いて、残った背わたを流水で洗い流す（h～j）。

5 水気をきり、尾と共に盛り付ける（k）。

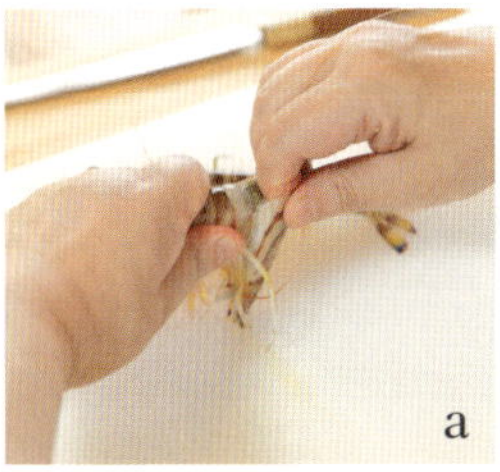

a 車海老は頭の先端を、まな板に直角に押し当てる。

b 右手で頭を外したら、背わたも引っ張って取る。

c 車海老の尾の先を切り落とす。

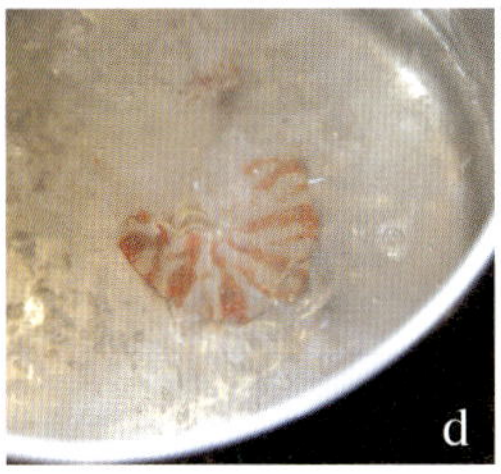

d 塩を加えた沸騰湯に、殻付きの車海老の身を入れる。

e 殻の色を赤くするのが目的なので、サッと湯通しする。

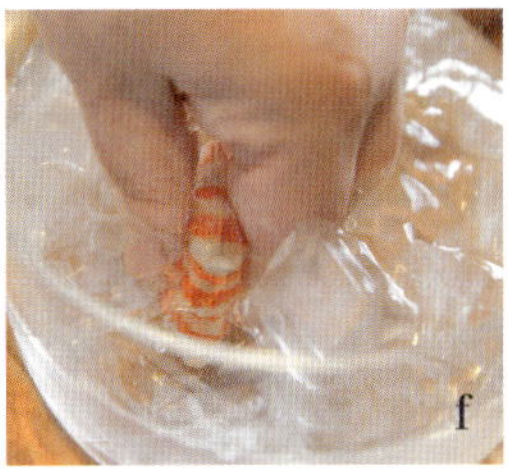

f 冷水にとり、殻を身に押しつけるように手で握る。

g 殻をむく。赤色が転写シートのように身に移っている。

h 背に包丁を少し入れて身を開く。

i 残った背わたがあればこれを取り除く。

j 流水でよく洗い流して、水気をきる。

k 尾も同様に色良くゆがいて、盛り付けに用いる。

しび鮪《まぐろ》

作り方

1 真直ぐ包丁を引き、平造りにする（c～d）。

烏賊《いか》

作り方

1 繊維に対して直角（縦方向）に1㎜幅の細かい切り目を入れ、繊維に沿って（横方向に）1㎝幅に切る（a～b）。

赤貝

作り方

1 殻から外して身を取り出し、わたをそぎ取り、洗う。

2 身を開いて半分に切り、格子に切り目を入れて飾り包丁をする（a～b）。

a

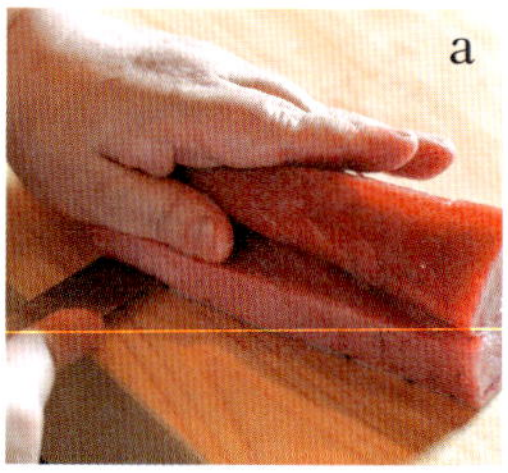

鮪は身と皮の間が美味しいので皮は薄めに引く。

b

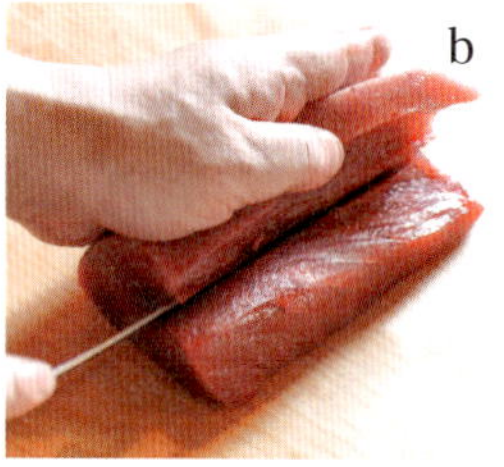

使う分だけを切りはずして、柵どりをする。

c

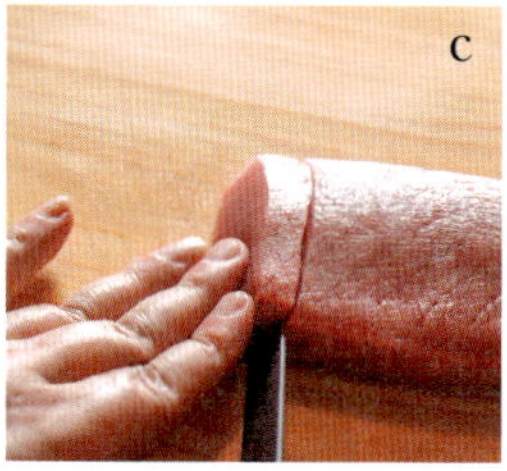

真直ぐ包丁を引いて、平造りにする。

d

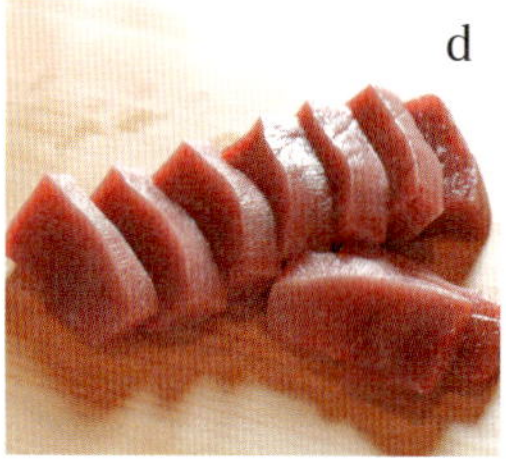

めじ鮪は比較的身が柔らかいので厚めに切る。

a

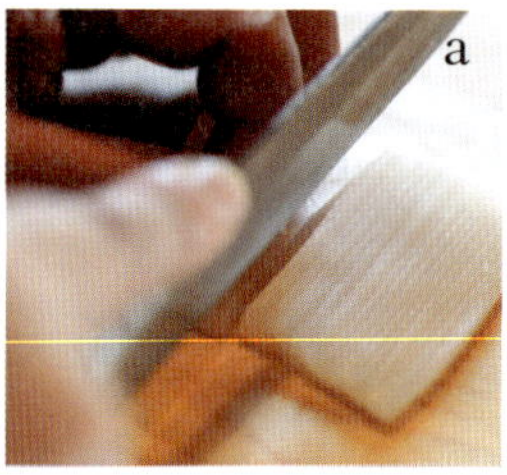

切り目を入れるのは表面積を広くしてあげるため。

b

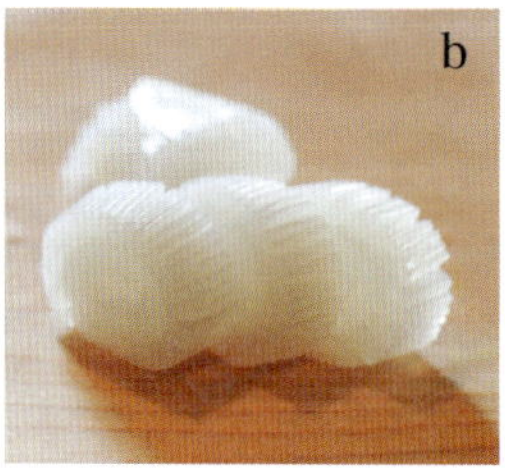

1㎝幅に切ってから、くるっと丸めて盛る。

a

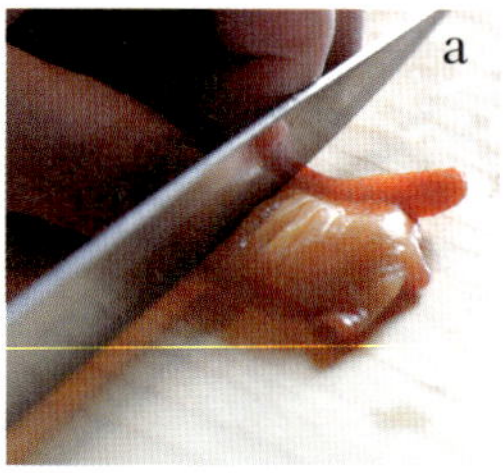

赤貝も烏賊同様、隠し包丁を入れると味わいが深まる。

b

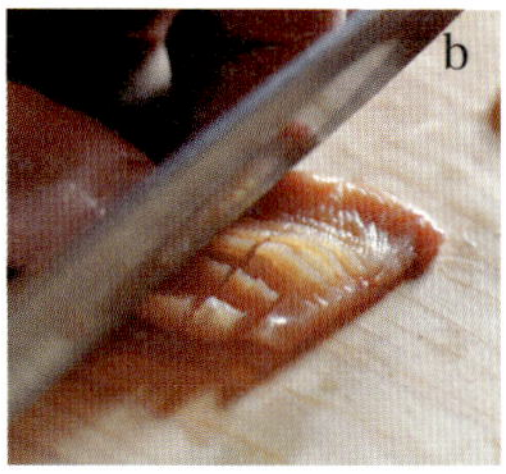

身を開いて半分に切ったら格子に切り目を入れる。

お造り小鉢

永楽即全造　呉須赤絵向付

鯛と赤貝のおろし和え

材料（2人分）

鯛（柵）……100g
赤貝……2個
大根おろし……150g
塩、山葵、薄口醤油
青柚子皮

作り方

1 鯛はへぎ造りと平造りにし、赤貝は身を開いて半分に切り、格子に切り目を入れて飾り包丁をする。

2 1に塩少々を加え、手で優しく馴染ませたら、すりおろした山葵小さじ2程を加えてよく和える。

3 ボウルに大根おろしを入れ、薄口醤油小さじ1.5をかけ、すりおろした山葵小さじ2程（好みの分量）を加えて混ぜ合わせる。

4 刺身をひと切れずつ3に潜らせて器に盛り、青柚子皮を飾る。

余剰に和えないよう、必要最小限だけ刺身にまとわせます。

河井寛次郎造　碧釉鉢

鮪山かけ

材料（2人分）

鮪（柵）……100g
山芋……100g
焼き海苔……適量
たまり醤油、山葵

作り方

1 鮪は1㎝幅の平造りにし、ボウルに入れて、たまり醤油を注いだら、全体に絡むように混ぜる。

2 山芋は皮をむいてすりおろし、焼き海苔は適当な大きさに切る。

3 器に、すりおろした山芋を少し入れて土台にして、その上に鮪、海苔、山芋の順に盛っていく。

4 すりおろした山葵を天盛りする。

海のもの 山のもの

古来、日本六十余州は、北は北海道から沖縄に至るまで南北に長く、四季を通じて、近海、沖合の海産物と平野の田畑、里山、山間部、奥山の実り、この二つの多様な品揃えにおいては実に世界に誇るべきものであります。焚き合わせや和えものの基本として、一見対比する「プラスマイナス＝陽と陰」、すなわち海の幸、山の幸、濃厚なるもの、淡白なるもの、硬いもの、柔らかいものなど基本的には正反対なる素材を、いかにお互いの長所を伸ばし短所を補うか、人間が社会生活する上でも大事な「相性」という感覚をお料理にもそのまま適応することが肝心であります。ベクトルが同じものばかりでは、味がとんがり、味わいの深みもコントラストの妙も生まれません。例えば、貝柱には椎茸と三つ葉、このコントラストを酒や出汁、薄口醤油で和ませ、そこに海苔で風味を加え、三つ葉で香りを、山葵で鮮烈なアクセントを…というように頭の中で設計図を思い巡らせます。筍と烏賊の木の芽和え等は、山海の「出会いもの」の最たる例で、同時期に旬を迎える木の芽によって唯一無二の季節感溢れる和えものとなります。

焼き貝柱の和えもの

材料（4人分）

帆立貝柱（生）……5個
椎茸……3個
三つ葉……1／4束
山葵……大さじ1（好みで）
焼き海苔……適量
塩、酒、出汁、薄口醤油

作り方

1 三つ葉はさっと茹で、氷水にとり、水気を絞り3cm長さに切る。

2 椎茸は軸を取る。フライパンに、椎茸の笠の内側を上にして置き、貝柱と共に素焼きする。椎茸と貝柱に塩少々を振り、貝柱は両面に焼き色がついたら取り出す(a)。

3 2の椎茸に酒大さじ1／2を加え、よく絡ませて火を通したら取り出す。

4 貝柱と椎茸を十文字に4等分する。

5 すりおろした山葵に、出汁大さじ1／2を加えてのばし、薄口醤油小さじ1／2を加える。

6 ボウルに、4の貝柱と椎茸、1の三つ葉、手でちぎった海苔を加え、5の調味料を加えて、よく和える(b)。

7 味を見て、薄口醤油少々で味を調える。

貝柱は椎茸と共にフライパンで素焼きをする。

生山葵は辛さに個体差があるので、加減して使う。

烏賊の木の芽和え

材料（4人分）

筍（ゆがく）……100g
剣先烏賊（おろす）……50g
木の芽……ひとつかみ
青寄せ（P126参照）……大さじ1／2
白の焚き味噌（P126参照）……50g

作り方

1 筍は2cm角に切る。烏賊は両面に格子状に細かく切り込みを入れ、筍と同じ大きさの2cm角に切る(a)。

2 すり鉢に木の芽を入れて、すりこ木ですり、青寄せを加えてさらにすり、白の焚き味噌を少しずつ加え、すり混ぜる。

3 1の筍と烏賊を2に加えて、よく和える(b)。

烏賊の甘みを楽しむために格子状に隠し包丁をする。

木の芽と白の焚き味噌を、和え衣にする。

叶 松谷造　染付竜絵小鉢

魯山人造　手付志野向付
蕨蒔絵拭き漆八寸盆

浜作

三代目

料理噺

その二

「出会いもの」と言われる素材の相性はもはや必然

「お料理は素材が八分で、後の二分は余計なことをせず真直ぐに必要最小限手を加える」

近頃では、鮑や伊勢海老に加えてキャビアやフォアグラ、トリュフ、またフカヒレなどの高級食材を日本料理に取り入れ、突拍子もない組み合わせでお客様の好奇心を刺激するような献立を立てることが高級料理店の必須のように思われております。これも世の中の風潮でありますから、私がとやかく申すことではございません。その中の奇異なる組み合わせであっても、案外の相乗効果をもたらすものも無くはありません。ですが、ほとんどの場合、安易なる組み合わせゆえの相克となってしまうものが多数のように思われてなりません。

有り難いことに、わが国には数百年に亘る料理文化が存在します。それに加えて海・山の豊富な食材の優性はまさに世界に誇るべきものであります。先人たちの数限りない試行錯誤、長きに亘る切磋琢磨のお陰で、誠に非の打ち所がない組み合わせ＝「相性」、例えば鰤大根、鯛かぶら、鴨葱などのマリアージュが完成されました。単なる思い付きではない奥行きと厚み、必然性が備わったもの、この組み合わせの数々を実際にお作りいただき、自分なりに完成させるだけでも到底一生ではやり尽くせないだけのボリュームがあります。この本は、その主だったところを詳しくお示しいたしております。逆に、「私はレパートリーは決して多くはないが、これは誰にも負けない」というお得意の一品を少しずつ増やしていただくことこそが、料理上手への道への心得であろうかと存じます。

根菜と焚く豪快な逸品

鯛

鯛は「魚の王様」とよく言われております。私も全くそう思います。尾頭付きの一本丸ごとのその雄姿において、紅白薄紅色のその色合いの典雅において、その味の格段の美味しさにおいて、おめでたいの鯛という祝儀を表す語韻において、すべて他の追随を許さない高貴なる存在感は、まさに日本一、天下一品、風味骨頂であります。上身は煮焚きには向きません。火が通るとカスカスになります。従って、まったりと焚き上げるにはゼラチン質の多い頭を用います。寒くなるにつれ美味しくなる大振りの蕪と焚き合わせて、水尾の黄柚子を添える「鯛かぶら」は京の冬の名物の横綱であります。

河井寛次郎造　碧釉瓜鉢

鯛かぶら

材料

鯛の頭……1尾分
小蕪……2個
酒、みりん、たまり醤油、濃口醤油、
薄口醤油
柚子皮

作り方

1 鯛の頭は出刃包丁で二つ割りし、カマを切り分け、カマには隠し包丁を入れる（a、b）。

2 1を、沸騰した湯にさっと潜らせ、表面に火が通り白くなったら、すぐに氷水に浸け、流水で鱗やぬめりを取り除く（c）。
このひと手間は、霜降りをすると言い、生臭みを取り除くテクニックです。また湯に通して霜降りをすることで、皮と鱗の収縮率の差により、鱗が剥がれやすくなります。

3 蕪は皮を厚くむき、4等分して面取りする。

4 鍋に、2の鯛と3の蕪を並べ、酒3カップ、みりん大さじ3を入れて、強火にしてアルコール分を飛ばし、アクを取りながら5分程煮る（d、e）。
生臭みを取るために、酒をたっぷり加えます。

5 たまり醤油大さじ1、濃口醤油小さじ1を加え、強火で汁を掛けながら煮る（f）。
落とし蓋をして煮ると、蒸発した臭みが揮発するのを妨げ、臭みが籠ってしまいますので、落とし蓋はせずに煮ます。

6 味見をしながら、薄口醤油を少量ずつ足して味を調える。
一度味を濃くつけてしまうと、そこから引き算はできませんので、少量ずつ醤油を足して味を調えます。

7 器に盛り付け、仕上げに柚子皮を細かく千切りにした針柚子を盛る。

二つ割りした鯛の頭は目の下に包丁を入れ、裏に返して半分に切る。

カマを上下に切り分けた状態。下半分のヒレの脇に隠し包丁をする。

熱湯に潜らせて、霜降りをしたら氷水に浸ける。

生臭みを取るため、たっぷりの酒とみりんを加える。

鍋を火にかけ、強火で5分程、アクを取りながら煮る。

生臭くならないように、落とし蓋はせずに煮込むのがポイント。

鮪ねぎま

材料

鮪の柵……100g
白葱……1本
実山椒……30粒位
生姜汁、酒、みりん、たまり醬油、濃口醬油

作り方

1 白葱は、根元を落とし、白い部分を3cm長さの斜め切りにする(a)。

2 鮪は、平造りにする。

3 沸騰した湯に生姜汁を多めに入れ、鮪を入れて表面が白くなったら、すぐに氷水に落とす(b~d)。

生臭みを取るために、沸騰した湯に生姜汁を加えて霜降りします。

4 鍋に、**1**の白葱と**3**の鮪を入れて、ひたひたの酒とみりん大さじ1を加えて、強火でアルコール分を飛ばし、煮る(e)。

5 強火で煮ている間、アクを取るために差し水をしてアクを丁寧に取り(f)、さらに生姜汁を大さじ2程加えて2分程煮る(g)。

6 たまり醬油大さじ2を加え、煮汁を掛けながら強火で煮る。しばらくして濃口醬油を加えながら味を見る(h)。

濃口醬油を最後まで使うと辛くなります。その分、あまり辛くないたまり醬油で色と風味を加えるとバランスよく仕上がります。

7 実山椒を加えて2分程煮て(i)、器に盛る。

8 鍋に残った煮汁を煮詰めて、上から掛ける。

鮪は大きめの平造りにする。

鍋に湯を沸騰させたら、生姜の搾り汁を多めに入れる。

鮪は、生姜汁を入れた湯に潜らせ、霜降りにする。

熱湯に潜らせた鮪は表面が白くなったら氷水に落とす。

葱と鮪を鍋に入れたら、たっぷりの酒とみりんで煮ていく。

アク取りに差し水は、脂分の多い煮物の場合、有効なテクニック。

アクを丁寧に取り、生臭みを抜くためにさらに生姜汁を加えていく。

調味はたまり醬油。煮汁を掛けながら強火で煮る。蓋は不要。

実山椒を加えて2分ほど煮て仕上げる。煮汁は1分程煮詰めて用いる。

鮪

葱とたまり醤油でこっくりと

鮪はあまり京都ではお馴染みがございません。脂の乗った鮪と白葱を、お酒とたまり醤油、濃口醤油で江戸風に手早くしっかりと味を付けます。葱の持ち味が鮪の脂身と相まって、見るからに食欲をそそるご馳走となります。江戸前を代表するベストコンビの、お酒にもご飯にも合う、京都人の私でもレパートリーに加えたい一品となります。

河井寛次郎造　紫紅釉鉢

鰤《ぶり》大根

材料（4人分）

鰤切り身……4切れ
大根……1／5本
生姜汁……1／2カップ
塩、酒、みりん、たまり醤油、濃口醤油、
柚子皮

作り方

1 大根は3㎝幅の輪切りにし、皮を厚めにむき、縦横3等分ずつに切り（a、b）、水にさらす。大根は早く味を染み込ませるため小さめに切ります。下の写真のように切ると三角形のところもできますが、味がよく染み、かえってそれがアクセントになります。均一でない方が味に変化が出せます。

2 鍋に大根と水をかぶる位に入れ、茹でる。

3 鰤に、塩ひとつまみを軽くこすりつけるようにまんべんなく馴染ませる。皮目に一筋の切り目を入れる。皮に切り目を入れることで、熱で皮が収縮し、身が反れて身割れしてしまうのを防ぎます。

4 沸騰した湯に生姜汁大さじ2を入れ、そこに鰤を1切れずつ皮目から入れて霜降りし、流水にさらし、ざるに上げる。3切れ目からは生姜汁をさらに加える。霜降りをするごとに、湯の生臭みが増しますので、生姜汁をさらに加えます。

5 別の鍋に鰤を入れ、酒300ccとみりん大さじ3を加えて強火にし、アルコール分と生臭みを揮発させる。

6 2の大根を引き上げ、すぐに5の鍋に移し替え、たまり醤油大さじ1、生姜汁小さじ2を加え強火で煮込む。大根の繊維が開いているところで鰤の鍋に移し、煮汁を含ませます。落とし蓋をすると、蒸発した臭みが揮発するのを妨げ、臭みが籠ってしまいますので、落とし蓋はせずに煮ます。

7 味見をし、濃口醤油を足して味を調える。この間、強火で煮汁を掛けながら煮詰める（c）。

8 器に盛り、残った煮汁を煮詰めて上から掛ける。仕上げに柚子皮を細かく千切りにした針柚子を盛る。

a 大根は3㎝の輪切りにして、厚めに皮をむく。

b 大根は写真のように縦横3等分にして用いる。

c 魚の煮物は落とし蓋をすると、臭みが残るので、終始、蓋はせずに強火で煮込むのが鉄則。煮汁を掛けながら煮詰めていく。

鰤

大根を小さく切って洒落た一皿に

京の底冷えがめっきり厳しくなると、富山の氷見《ひみ》港から立派な鰤が届きます。鯛より脂の強い鰤には、蕪より個性の強い大根が最適であります。鰤はあまり長く焚くと味が抜けて美味しくありません。故に、大根は丸のままではなく、ひと口サイズに切ると早く味を含みます。素材の大きさを目的によって切り分けると、丁度良い火の通り加減を調整することができます。何でもかんでもぶつ切りにすると、ダイナミックではありますが大味となります。この賽《さい》の目《め》の鰤大根は、お料理教室での大好評メニューの筆頭であります。

永楽即全造　籐手付乾山写菓子鉢

鰆《さわら》照り焼き

材料（4人分）

鰆……4切れ（厚切り）
酢蓮根……2枚
片栗粉、小麦粉
塩、酒、みりん、濃口醤油、薄口醤油、おろし生姜
木の芽
サラダ油

作り方

1 鰆の切り身は塩少々を振り、しばらく置く。鰆は厚切りを用意し、血合いがあれば除きます。塩をしてしばらく置くと、身から水分が出てくるので粉がつきやすくなります。

2 片栗粉をまんべんなく薄くつけ、しばらく置いて粉を密着させる。

3 さらに小麦粉をまんべんなく薄くつけ（a）、しばらく置く。旨味が逃げないように、しっかりとコーティングします。

4 フライパンに油大さじ5程たっぷりと入れ、皮目を下にして、中火で皮がパリッとするまで焼く（b）。

5 裏返して、身の面を下にして焼き目をつける。身の四面をそれぞれ下にし、よく焼いて焼き目をつける（c）。

6 **5**をフライパンごと流水にさらし（d）、鰆の身を水でさっと洗い、ペーパータオルにとり水気を除く。

a 鰆は塩をして、まず片栗粉、次いで小麦粉をつけたらしばらく置く。

b たっぷりの油で、皮目を下にして中火で皮がパリッとするまで焼く。

c 写真は5cm厚さの切り身。両面を焼いたら、身を立てて側面も焼く。

d 油を取るため水洗いする。フライパンを蛇口の下に運んで水を流す。

e フライパンに鰆を戻して照り焼きにする。みりんはアルコール分を飛ばす。

f 醤油などの調味料を入れたら、そのタレを掛けながら焼く。

たっぷりの油で焼いた鰆を水で洗うのは、余計な油を取り、照り焼きのタレを染み込みやすくさせるためです。

7 フライパンを再び火にかけ、酒100ccを入れて鰆をフライパンに戻し、みりん大さじ3を加えて強火でアルコール分を飛ばす（e）。さらに濃口醤油、薄口醤油各大さじ1、おろし生姜小さじ2を加え、タレを鰆に掛けながら焼く（f）。

8 **7**の鰆を器に盛り、鍋に残ったタレを煮詰め、タレに艶が出たら鰆に掛ける。

9 花形に切った酢蓮根を2等分にして飾り、木の芽をのせ、香りを添える。（酢蓮根は、P125の新生姜の甘酢漬けの項参照）

鰆

途中で水洗いする浜作流照り焼き

鰆は料理屋にとり実に重宝な魚であります。そのまま塩焼きにしたり、味噌漬け、幽庵漬け、南蛮漬けとバリエーションを展開でき、蒸しものの種となったり、野菜と煮魚に合わせたりと、実に寛容で頼もしいレギュラー選手と言えます。一番手早く、食卓の主菜としてもお弁当のおかずとしても活躍するのがこの照り焼きであります。あまり薄く切らず、しっかりと厚く切ることによって、調味料に過剰に支配されない、鰆本来の持ち味が楽しめます。写真は、魯山人の織部皿に酢蓮根と木の芽をあしらい、盛り付けました。

魯山人造　草文角皿

穴子

二度焼きして茶ぶりで仕上げる

お江戸の穴子は、お寿司や天ぷらの素材として欠くべからざるものでありましょう。関西の穴子は、少し大振りで味もよりしっかりとしております。大振りな分、皮目からしっかりと火を入れねば骨が残り、臭みが取れません。フライパンで中低温にかけ、皮目からしっかりと脂を引き出し、骨が解けるまで焼き続けます。味付けはあまり甘くせずにさっぱりと仕上げたいものであります。

河井寛次郎造　黄釉草花皿

穴子の醤油焼き

材料（4人分）

穴子……1尾（約300g）
万願寺唐辛子……3本
京番茶ティーバッグ……1つ
（またはペットボトルの日本茶　100cc）
新生姜の甘酢漬け（P125参照）
酒、薄口醤油
サラダ油

作り方

1　穴子は水洗いして腹開きにし、横半分に切る。

2　万願寺唐辛子はヘタを取り、縦に切って種をスプーンで取り除く。

3　フライパンに油大さじ2を熱し、中火で、穴子の皮目を下にして、菜箸や木べらで身を押さえながら軽く焼いたら（a）、一度取り出す。

4　身が反らないように竹串を細かく刺し、再び中火のフライパンに入れ、皮目を下にして焼き色をつける。裏返して、身面を軽く焼いたら（b）、もう一度取り出して、串を穴子から引き抜く。

穴子に、完全に火が通る前に、串を引き抜きます。火がしっかり通ってからでは、身が収縮しているので、串を引き抜いたときに、身が崩れてしまいます。

5　穴子を再びフライパンに戻し、万願寺唐辛子を加えて一緒に焼き、穴子は脂を出し切る位まで、両面にしっかりと焼き目がつくまでよく焼く（c）。

6　5のフライパンに京番茶ティーバッグと水100ccを入れ（d）、強火で沸騰させて穴子の臭みを抜き（e）、1～2分程経ったらお茶の水分を捨てる。

お茶で生臭みを抜くことを「茶ぶり」と言い、鮎の煮浸しや鰻の蒲焼きにも応用できます。お茶はペットボトルのお茶でも構いません。緑茶、ほうじ茶、番茶、種類は気にせず用いてください。

7　再び火にかけ、酒大さじ1、薄口醤油小さじ2を加えて強火でよく絡める（f）。

8　新生姜の甘酢漬けと共に器に盛り付ける。

穴子は皮目から焼く。身が浮き上がるので箸や木べらで押さえながら焼く。

一度穴子を取り出し、身が反らないように竹串を刺したら両面を焼く。

穴子は串を外して脂を出し切る感覚で、万願寺唐辛子と一緒に焼く。

京番茶をティーバッグに入れて水と共に加える。

京番茶をよく沸騰させる。茶ぶりと言って、生臭みを抑える効果がある。

お茶を捨てたら、同じフライパンに酒、薄口醤油を加え、調味していく。

焼き葱と玉葱の和のマリネ漬けに

鱇

鱇という魚は実に淡白で品良く、古来、京都人がぐじと共に一番好んだお魚でありまます。特に若狭かれいは最も身近な高級魚であります。その淡い持ち味を補うために衣をつけて油焼きにいたします。後は、お酢加減と葱の風味、鷹の爪のアクセントで味を馴染ませます。南蛮漬けは、予め用意ができる、とても便利で且つ気の利いた一菜となりましょう。

古伊万里染付四方皿

鰈《かれい》のカピタン風

材料（4人分）

鰈（三枚におろした半身）…… 3枚
白葱 …… 2本
玉ねぎ …… 1／2個
鷹の爪 …… 3本
土佐酢 …… 2カップ
レモン汁 …… 1／2個分
片栗粉、小麦粉
塩
フレスコバルディ・ラウデミオ（オリーブ油）
木の芽

作り方

1 白葱は、根元を落とし、白い部分の長さを半分に切り、フライパンで素焼きして（a）、焦げ目をつけたら3㎝長さに切る。

2 玉ねぎは、繊維に対して垂直に2㎜幅の薄切りにする。
玉ねぎは、盛り付けるときに飾りとして映えますので、きれいに切ります。

3 鰈は、塩少々をして、しばらく置く。

4 片栗粉をまんべんなく薄くつけ、しばらく置いて馴染ませる。

5 さらに小麦粉をまんべんなく薄くつけ（b）、しばらく置いて馴染ませる。

6 ボウルに土佐酢を入れ、レモン汁を絞り入れたら**1**の白葱と**2**の玉ねぎ、鷹の爪を入れ、南蛮地を作る（c）。

7 **5**の鰈を、熱したフライパンに皮を下にして並べ、隙間にオリーブ油を適量入れて（d）、カリッと焼いて両面に焼き目をつける。
油は必要以上に入れると衣が剥がれますので、最初に油を引かずに、鰈を並べてから適量を入れます。

8 **7**の鰈を氷水に入れ（e）、ペーパータオルにとり、水気を丁寧に優しく拭き取る。
余計な油を落として、南蛮地を染み込みやすくさせます。

9 深皿に鰈を並べ、**6**の南蛮地をひたひたに入れて3時間以上マリネする（f）。

10 鰈は横に2等分し、白葱、玉ねぎ、鷹の爪を彩り良く器に盛り付け、南蛮地を掛け、木の芽を飾る。

a 葱は白い部分を長く切り、フライパンで焦げ目がつくまで焼く。

b 鰈は塩をして、まず片栗粉、次いで小麦粉をつけたらしばらく置く。

c 焼いた葱は3㎝長さに切って、玉ねぎ、鷹の爪と共に南蛮地を作る。

d 熱したフライパンに鰈を皮を下にして並べる。上からオリーブ油を注ぐ。最初から油を引かないのがポイント。

e 氷水を張ったボウルに焼いた鰈を入れて油を落としたら、水気を拭く。

f 鰈は油を落とすと、南蛮地とも馴染みやすくなる。

浜作流ご馳走

創業者の祖父は板前割烹を世に先駆けて創案した位の人でありましたから、服装も英国製の三つ揃えのスーツに、ソフト帽、ステッキというようなハイカラ趣味で、とにかく新しいもの好きの洒落者でございました。戦前からチャップリン先生やバーナード・リーチ先生をはじめ、海外からのお客様も多く来店していただきました。今と違って、生ものは絶対と言ってよい程お口にされませんでした。故に、カツレツやフライなどの洋食をアレンジしてご好評を博しました。お造りや焼きもの用の新鮮な魚介やお肉を使い、なるべくストレートにお出しするのですから美味しくない筈はありません。いつしか、実は洋食好きの京都のご常連にも愛された隠れメニューの定番となりました。ご家庭ではお昼に夕に主役となり得るボリュームと美味しさは、皆様ご存知の通りでございます。

エルメス製 飾り皿

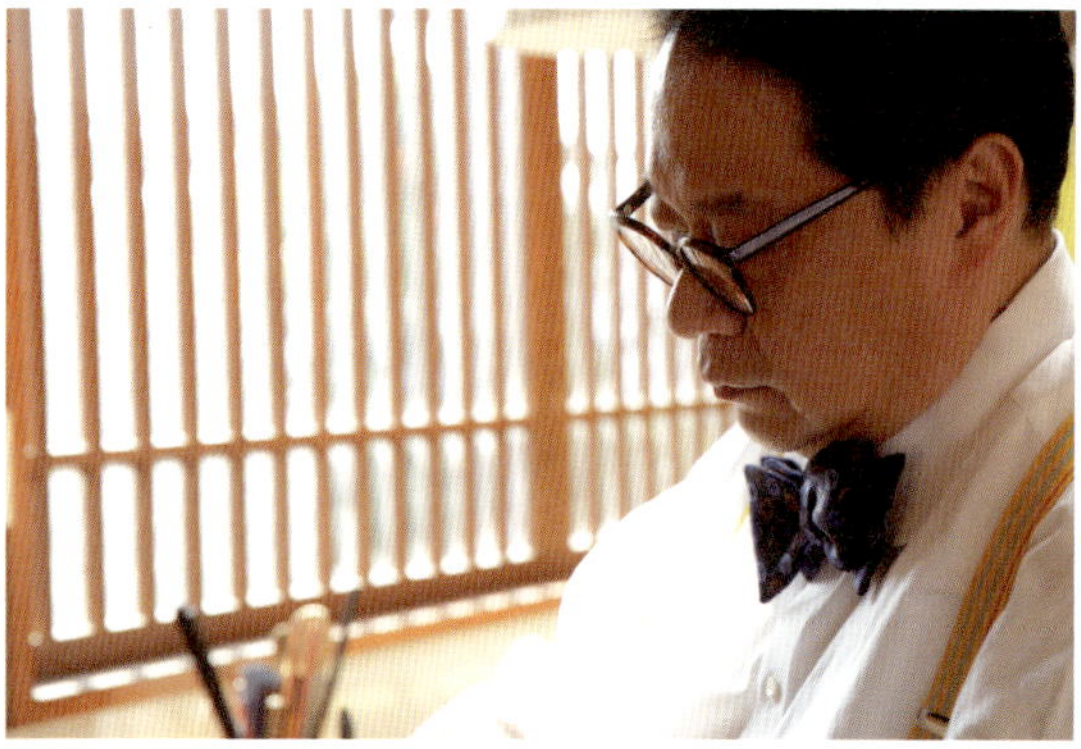

一口カツレツ

豚ヒレ肉を切り出し、カツレツに。洋皿に盛って
酢橘と即興の和風ザワークラウトを添えました。
ソテーしたキャベツに千切りの大葉を合わせた
簡単な和えものですが、香り高い白バルサミコが隠し味。

料理の作り方はP82参照

一口カツレツ

材料

豚ヒレ肉……300g
キャベツ……3枚
大葉……2枚
卵……1個
小麦粉、生パン粉
塩、フレスコバルディ・ラウデミオ（オリーブ油）、白胡椒、バルサモ・ビアンコ（白バルサミコ）
酢橘……1~2個
揚げ油

作り方

1 まな板は、濡れ布巾で拭き、湿らせる。乾いたまな板では、生臭い血が染み込んでしまいます。まな板の表面を濡らすことによって肉汁の染みや臭みをつきにくくします。

2 豚ヒレ肉を2cm程の厚さに切り、まな板に広げ、包丁の背で両面を軽く叩く(a、b)。

3 肉に塩をして馴染ませたら、裏返し、同様に塩をして馴染ませ(c)、しばらく置く。

4 肉に小麦粉をまんべんなくつけ、軽く叩いて余分な粉を落とす。

5 溶き卵に、**4**を潜らせて、パン粉をつけ、軽く形を整える。

6 初めは160度位の油で揚げる。肉の上部はつかんだまま、肉の下半分を油に入れ、10秒程待ってから、油の中に落とし入れる(d)。揚げている間は、箸で油を右回り、左回りと流れを作りながら揚げる。すぐに落とし入れると、肉が鍋底まで沈み、衣が底に貼りついて肉の衣が剥がれてしまいます。

7 最後は175~180度の高温でタヌキ色になるまでカラッと揚げる(e)。タヌキ色とはキツネ色よりも濃い色のことを指します。

8 フライパンにオリーブ油大さじ1/2程を熱し、大きめに切ったキャベツをソテーし、皿にとる。

9 ボウルに、キャベツと千切りにした大葉を入れ、塩、胡椒各少々、白バルサミコ大さじ1/2で調味したら、**7**の一口カツと一緒に器に盛り付け、酢橘を添える。

a
豚ヒレ肉は2cm厚さに切る。このときまな板は湿らせておくのが良い。

b
切った豚肉は、包丁の背で両面を軽く叩くようにして、薄くする。

c
両面に塩をしたら、しばらく置いて馴染ませる。

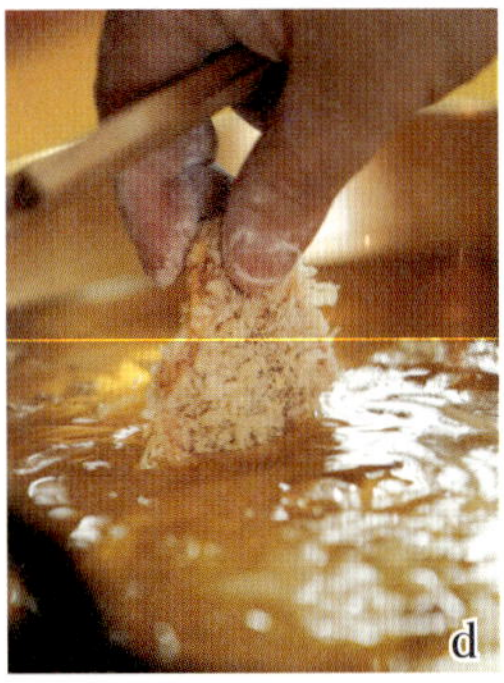
d
揚げるときは肉の上を持って、油に完全に落とし入れるのを10秒待つ。

e
揚げ油は箸で右に左に回して流れを作りながら、タヌキ色になるまで揚げる。

ヘレンド製 飾り皿

海老フライ

材料

車海老……4尾
卵……1個
小麦粉、生パン粉
塩
レモン……適量
揚げ油

作り方

1 海老は、尾からのし串を打ち、真直ぐの形に整える。
2 沸騰した湯に塩少々を入れて**1**の海老をサッと潜らせ、すぐ氷水にとる。胴の殻をむいて水気を拭き取る（a）。
3 塩を振り、小麦粉をまぶし、しばらく置いて馴染ませる。
4 溶き卵に潜らせ、パン粉をつけて、軽く形を整える（b）。
5 175度の油でこんがり揚げ、のし串を抜く。
6 横に2等分して形良く器に盛り、レモンを添える。

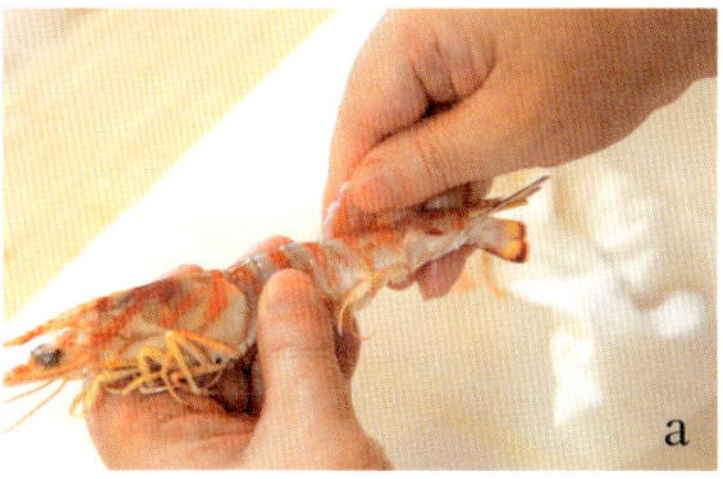

車海老は尾から串を入れて真直ぐの形に整えたら、湯通しして氷水にとり、殻をむく。

胴の部分だけパン粉の衣がつくようにして揚げる（頭と尾に衣はつけない）。

マイセン製 千夜一夜絵金彩皿

牡《か》蠣《き》フライ

材料

生牡蠣（むき身）…… 大4個
卵 …… 1個
小麦粉、乾燥パン粉（目の細かいパン粉）
塩
酢橘 …… 適量
揚げ油

作り方

1 牡蠣は、塩少々を振り、しばらく馴染ませる。
2 小麦粉をまぶし、余分な粉を落としたら、しばらく置いて馴染ませる。
3 溶き卵に潜らせ、パン粉をつけて、軽く形を整える。
4 175度の油でじっくり揚げたら、器に盛り、酢橘を添える。

牡蠣は塩を少々振ってしばらく置き、余分な水分を除いた方が、油はねも少なく、味わいも深まる。

マイセン製 葉形小鉢
叶 松谷造　羊歯形小付
エルメス製 金箔トレー

タルタルソース

材料

マヨネーズ …… 大さじ4
茹で卵（細かく刻む）…… 1個分
玉ねぎ（みじん切り）…… 大さじ2
ピクルス（みじん切り）…… 大さじ1
大葉（みじん切り）…… 1枚分
薄口醤油、トマトケチャップ …… 各小さじ2
酢、ウスターソース …… 各小さじ1
練り辛子、タバスコ …… 各少々

作り方

材料をボウルにすべて入れ、よく合わせる。

カクテルソース

材料

ケッパー（みじん切り）…… 5粒分
レホール（すりおろし）…… 大さじ1
玉ねぎ（みじん切り）…… 小さじ2
トマトケチャップ …… 大さじ4
白の焚き味噌（P126参照）…… 少々
酢、練り辛子、タバスコ …… 各少々

作り方

材料をボウルにすべて入れ、よく合わせる。

ポテトサラダ

材料

じゃがいも（男爵）……2個
ロースハム（薄切り）……1枚
ベーコン（薄切り）……1枚
フレスコバルディ・ラウデミオ（オリーブ油）、バルサモ・ビアンコ（白バルサミコ）、
塩、白胡椒、タルタルソース（P85参照）
サラダ油

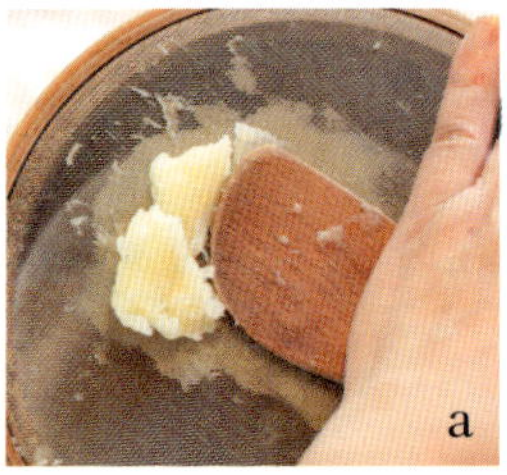
茹でたじゃがいもは全体の半量は裏漉しする。

じゃがいもの残り半量は1cm角のさいの目に切る。

裏漉し、さいの目、両じゃがいもを手で軽く混ぜる。

ボウルに入れ、ハム・ベーコンと合わせて調味する。

作り方

1 鍋にたっぷりの水を入れ、じゃがいもを入れて火にかけ、柔らかく茹でる。

2 **1**をざるに上げ、粗熱がとれたら皮をむき、半量は裏漉しし（a）、残りの半量は1cm角のさいの目に切る（b）。
裏漉し器は、網目が正面から見てV字になるように置きます。茹でたじゃがいもを少量、裏漉し器にのせ、少しずつ下に落とすように木べらで押し潰していきます。木べらでじゃがいもを撫でるように広げて漉さないように注意します。

3 ハムとベーコンはみじん切りにして、油小さじ1を熱したフライパンに入れ、カリカリに焼いて粗熱をとる。

4 **2**の裏漉しをしたじゃがいもと、さいの目切りにしたじゃがいもを手で軽く包むように混ぜ合わせたら（c）、ボウルに入れ、**3**を入れて混ぜ合わせ、タルタルソース大さじ3、オリーブ油、白バルサミコ各小さじ1、塩と胡椒を少々加え、よく馴染ませる（d）。

裏漉し器で芋などを漉すときは、少しずつ下に落とすように木べらで押し潰していく。木べらの押す力が弱いと網の上で広がってしまい、うまく漉せない。

グリーンサラダ

材料

レタス……3枚
大葉……1枚
ドレッシング［フレスコバルディ・ラウデミオ（オリーブ油）、バルサモ・ビアンコ（白バルサミコ）、レモン汁、塩、薄口醤油］

作り方

1 レタスは、洗って3cm角の色紙切りにし、氷水にしばらく浸けてパリッとさせる。

2 **1**をざるに入れ、水気を充分にきる（a）。
水気をきるために、レタスをざるに入れたら、ひと回り小さいサイズのざるをかぶせ、合わせたままざるをよく振ります。

3 大葉は千切りにし、水にさらして水気をきる。

4 ボウルに**2**と**3**を入れ、オリーブ油大さじ1／2、白バルサミコ小さじ1、レモン汁、塩各少々、薄口醤油数滴をよく混ぜ合わせたドレッシングで和える（b）。

水切りには、ざる二つを組ませれば良い。

葉もの野菜をドレッシングで和えるのは食べる直前に。

懐かしい日本の洋食を割烹仕立てで

浜作では基本的にナイフ、フォークをご用意することはありません。従って、お箸でお召し上がりやすいような大きさに、予め包丁を入れておくのが定石でございます。基本的な味付けは塩味で、本格的なソースを拵《こしら》えたりすることはありません。あくまで日本料理を作る心持ちで素材を生かし、なるべく単純に、例えば、天ぷらを揚げるようにフライを揚げ、和えものを作るが如くポテトサラダを拵え、青菜のお浸しのように付け合わせ野菜を仕立てます。フランス料理とは正反対に、時間を掛ければ掛けるほど生気が無くなります。これこそ割烹洋食の心得の第一でございます。

捻梅盆

魯山人すき焼き

材料

牛肉（赤身しゃぶしゃぶ用）……500g
玉ねぎ……2個
出汁……1カップ
つけダレ［大根おろし、土佐酢、二杯酢］
酒、薄口醤油

作り方

1 玉ねぎは繊維に沿って薄切りにし、鉄鍋に入れる。中火～強火で焦がさないように2分程炒めたら、酒1カップを加え、強火でアルコール分を飛ばして2分煮る。

2 **1**の鉄鍋に、出汁を加え強火で1分煮たら、薄口醤油大さじ1と1／2を入れる。醤油を馴染ませたら味を見て、薄口醤油を少々足して味を調える。

玉ねぎから甘味が充分出ますので、砂糖は入れません。

3 牛肉を一枚ずつ取り、**2**の玉ねぎの上に軽く半分に折るようにして入れ、肉の表面に火を通す。好みでつけダレを添えていただく。

肉を折って入れることで、折りたたんだ肉の中はジューシーでミディアムレアに仕上がります。

［つけダレ］
器によく水気を絞った大根おろし200g、土佐酢と二杯酢を1対2で合わせたものをたっぷり入れる。

食通・魯山人の意外な一面

白いご飯を銀シャリと言って、それがあれば飛び切りのご馳走であった時代に、現代まで続く美食＝グルマンというジャンルを打ち立て、その道を生涯貫いた魯山人先生は、度々浜作のカウンターの「かぶりつき（まな板の正面）」に陣取り、包丁を握る祖父と一皿一皿、丁丁発止の真剣勝負を繰り広げられたとのことであります。揮毫《きごう》を頼まれれば「天上天下唯我独尊」と認められた如く、先生は世に名高き偏屈でワンマン芸術家であったと聞き及びます。

　これまた腕に絶対の自信を持ち、自他共に名人を気負っております祖父とはお互い瞬間湯沸かし器同士、何度も喧嘩になり絶縁状態が起こりました。それでも忘れたようにまたご来店になったのですから、書かれた文章に「浜作主人包丁一等」とあるように、内心ではその存在を認め合っていたのかと推量いたします。

　先生は、甘味を極端に嫌い、絶対に砂糖をお使いになりませんでした。何処かの御屋敷での園遊会のような宴で、手前どもは鯛のお造りと、特別なご注文で牛肉のすき焼きをご用意いたしました。関西風のように、先にお砂糖を入れず、最後まで出汁のお味と薄口醤油のみの味付けで、たっぷりの玉ねぎを加え、大根おろしと二杯酢で召し上がったそうであります。砂糖を入れて焼くと、牛肉は少し柔らかくなりますが、その代わり、甘味が最後まで残ります。玉ねぎは、帝国ホテルの「シャリアピン・ステーキ」で有名なように肉を柔らかくする作用があるそうであります。このときより、お砂糖を使わない甘くないすき焼きを、当店では「魯山人すき焼き」と呼び、皆様にご好評を博しております。

南部鉄鍋
叶 松谷造　麦藁手向付

和の技で中華の定番料理

中華の基本はとにかく手っ取り早く料理を仕上げることで、上湯スープなどを除けば、ほとんどの料理が数分ないし十何分で完結しなければならない性質のものであります。この点において我が板前割烹と共通している点が多うございます。味付けは、中華、和食の境を作らず、調味料も同じものを使います。ただ、油をたっぷりと使いますが、仕上げの段階で余剰分の油を捨てたり、水洗いするなどというひと手間を加えることにより、さっぱりと収めることができ、和食の範疇《はんちゅう》に留まる上で肝心となります。

芙蓉蟹《ふようはい》

材料

タラバ蟹の脚（茹でたもの）…… 2足
椎茸 …… 5個（小振り）
三つ葉 …… 1／2束
卵 …… 4個
餡［出汁、土佐酢、水溶き片栗粉、生姜汁、薄口醬油］
塩、酒
サラダ油

作り方

1　タラバ蟹の脚は包丁で殻を割って身を取り出し、細かくほぐす（a）。

2　椎茸は石づきを取り、横から水平に切って2等分し、縦に薄切りにする。三つ葉は4㎝長さに切る。

3　熱したフライパンに油小さじ2を入れ、椎茸と塩少々を加えて炒めたら、酒大さじ1を加える。強火でアルコール分を蒸発させ、椎茸をカラッとさせる（b）。

タラバ蟹と火の入り具合を合わせるために、椎茸を炒めておきます。

4　ボウルに、蟹の身、椎茸、三つ葉を合わせ、溶き卵を加えてよく合わせる（c、d）。

5　熱したミニフライパンに油大さじ1を入れ、4を流し入れて、中火で両面を焼く（e）。火が通ったら器に盛る。

6　鍋に出汁50ccと土佐酢1／2カップを入れ強火にし、沸騰している中に水溶き片栗粉を加えて餡を作る。餡に生姜汁小さじ1を入れ、薄口醬油少々で味を調える（f）。

7　5を盛り付け、上から6の餡を掛ける。

a
ここで使うのはタラバ蟹。これでなくてはという限定ではないので好みの蟹で。

d
溶き卵を加えて、よく合わせる。

b
椎茸は予め炒めておくと、蟹と火の入り具合が調和する。

e
小さめのフライパンに、油を多めに引いて、流し入れる。

c
ボウルに蟹、椎茸、三つ葉、すべての具材を合わせる。

f
酸味のきいた餡を用意する。生姜汁を加えるのが味のポイント。

叶 松谷造　瓔珞手金彩皿

そのひと手間に美味しさの秘密がある教室で人気の一品

鍬《くわ》焼きという名前は、すき焼きと同じく農耕具由来の命名で、鉄器が未だ貴重品だった時代、鉄鍋の代用として用いられたのが始まりと言われております。温めた鍋に油をたっぷり入れると失敗がありません。その代わり、そのまま味付けに移ると余剰の油が大変気になります。そこで、思い切って鍋ごと流水に落とし込み、油を一切洗い流してしまいます。それからもう一度お味付けをなされば油っぽくないさっぱりとした仕上がりとなります。フライパンを流水にそのまま当てるなど思いも付かぬことでしょうが、こういうところは大胆に、味付けは繊細に。お醤油の甘辛の味付けは、お年寄りからお子達まで大喜び、お弁当のおかずにも最適であります。

番浦史郎造　鉄砂絵変り四方皿

若鶏鍬《くわ》焼き 青唐辛子添え

材料

鶏もも肉（若鶏）…… 1枚
青唐辛子 …… 10本
おろし生姜 …… 小さじ1
実山椒または粉山椒 …… 15粒
片栗粉、小麦粉
塩、酒、丼つゆ（P126参照）
サラダ油

作り方

1 鶏肉は、包丁で身に切り目を細かく入れ(a)、塩少々をする。

塩をしてしばらく置くと、身から水分が出てくるので粉がつきやすくなります。

2 鶏肉に片栗粉をまんべんなく薄くつけ、切り目にもまんべんなく薄くつけ(b)、しばらく置いて馴染ませる。

3 小麦粉も**2**同様まんべんなく薄くつける(c)。

4 青唐辛子はヘタを取り、フライパンで、中火で素焼きにする。

はじめはフライパンの青唐辛子を動かさず、焼き目がついたら転がしながら焼きます。

5 フライパンを熱し、油を大さじ5程たっぷり入れ、鶏肉の皮目を下にして中火～強火で7割火を通し、皮目がパリッと焼けたら、裏返して、残りの3割を焼く(d、e)。

6 フライパンごと**5**の鶏肉を流水にさらし、水で洗う(f)。ペーパータオルにとり、水気をよく拭き取る。

たっぷりの油で焼いた鶏肉を水で洗うのは、余計な油を取り、タレを絡みやすくさせるためです。切り目の間に入った水分も丁寧に拭き取ります。

7 切り目を入れたところに包丁を入れて、3cm幅に切る。

8 フライパンに酒50ccを入れて強火で沸騰させアルコール分を飛ばし、肉を加える。

9 丼つゆ100ccを加え、強火で煮立たせ、青唐辛子、おろし生姜、実山椒を加え、強火で絡めるように煮詰める(g)。

10 盛り付けに青唐辛子を滑り止めに使いながら、形良く器に盛り付ける。

11 フライパンに残ったタレを強火で1分程煮詰め、上から掛ける。

a 鶏もも肉は、皮を下にして包丁で身に切り目を入れる。

b 片栗粉をまず薄くつける。切り目にも忘れずにつける。

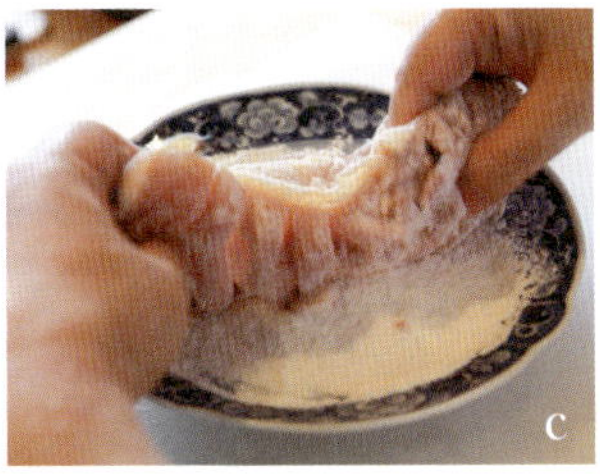
c 小麦粉も薄づきになるようにし、馴染んだら粉をはたく。

d フライパンを熱し、鶏肉を皮目から入れる。

e 皮目をよく焼く。7割がた火を通したら、裏返して3割を焼く。

f フライパンごと流水にさらし、鶏肉を水洗いする。

g 調味料と共に強火で絡めるように煮詰めていく。

サーモンムニエル

材料

サーモン切り身……2切れ
長芋……4㎝幅の輪切り1個
モロッコいんげん……2本
カルピスバター……30g
実山椒……10粒
小麦粉
塩、白胡椒、フレスコバルディ・ラウデミオ（オリーブ油）、酒

作り方

1 サーモンのハラス部分は、皮を内側にして折り、2か所程楊枝で止める（a）。
楊枝を刺す前に、金串で一度穴を開けると刺しやすくなります。

2 塩と胡椒を振り、身の四面にまぶし（b）、しばらく置く。
塩をしてしばらく置くと、身から水分が出てくるので粉がつきやすくなります。

3 小麦粉をまんべんなくつけ、しばらく置く。

4 うっすらとサーモンのピンク色が出てきたら、もう一度、小麦粉をまんべんなくつけ（c）、しばらく置く。
サーモンに小麦粉を密着させ、旨味が逃げないようにしっかりコーティングします。

5 長芋は皮をむいて半分に切り、鍋に水と長芋を入れ、5分程茹で、ざるに上げる。モロッコいんげんは、両端の部分を切り、沸騰した湯に塩少々を入れて2～3分茹で、ざるに上げ、半分に切る。

6 フライパンにオリーブ油をたっぷり入れ、サーモンの皮目を下にして中火で焼き、皮の折り目が固定されたら楊枝を抜く（d）。
火が完全に通ってからでは、身が楊枝に密着してしまいますので、楊枝を抜いたときに身が崩れてしまいます。

7 皮をパリッと焼いたら、裏返して、中火のまま身の四面を焼く。
途中、フライパンを傾け、油を寄せた中で揚げ焼きするように焼いていきます。皮と身の間が美味しく、皮をパリッと焼くことで旨味を閉じ込めます。

8 酒大さじ3を加え強火でアルコール分を飛ばし（e）、バターと実山椒を加え、よく絡めてバターの風味をつけたら（f）、器に盛る。

9 **5**の長芋とモロッコいんげん（残った**8**のバターソースでソテーしてもよい）を添える。

a
サーモンのハラス部分は写真のように折り、爪楊枝で2か所留める。

b
塩と胡椒を振って、サーモンの四面にまぶす。

c
小麦粉をまんべんなくつける。しばらく置いたら、再び粉をはたく。

d
たっぷりのオリーブ油で焼く。皮の折り目が固定されたら楊枝を抜く。

e
揚げ焼きして皮目をパリッと焼いたら、酒を入れてアルコール分を飛ばす。

f
バターを加えて風味づけをして仕上げる。

バター風味の魚料理も和のご馳走に

以前は、お魚料理と言えば、まず第一に焼き魚、次いで煮魚、唐揚げと言ったところでしょうか。めっきり出番の少なくなったのが焼き魚でございましょう。どうしても煙と匂いが残ってしまい敬遠されがちであります。フライパンを使って簡単にできるムニエルやポアレをマスターすると、お買い物のとき、「あぁ、今日はサーモンムニエルをメインにしようか」と御献立の主軸が定まります。初めからバターを入れるとどうしても焦げてしまいます。火を通すまではオリーブ油やサラダ油を使い、最後の仕上げでバターを加えると格段に風味が上がり、香ばしい香りが食欲をそそります。写真は、酒肴となるようサーモンに少し塩をきかせ、スコッチのオン・ザ・ロックに合わせました大人の晩餐でございます。

叶 松谷造　輪花文水色釉丸洋皿
叶 松谷造　瑠璃釉銀彩ロックグラス

「弘法筆を択《えら》ばず」と申しますが、ご家庭の御台所から我々玄人の料理場に至るまで、毎日使う包丁やまな板、お鍋などの所謂レギュラー選手は値段の高低にかかわらず、やはりそれなりのものを用意したいものであります。包丁でも鍋でも、おろしたての新品はどこか角張っていて実に扱いにくいものですが、暫く使い込むうちに、段々と手に馴染んで参ります。

　しかしながら、そのうち何となく手に馴染むものと馴染まないものに分かれます。包丁の握り手や鍋の持ち手にしても、どこかしっくりと来るもの、来ないもの。そこが大事な分かれ目で、自然としっくり来るものを使い続けるうちに、ぴったりと手にはまる瞬間が訪れます。そうなればしめたもので、これがそのままお手入れをして永く使い続けると立派な愛用品となります。使い続けることに疑いを抱き、途中であれこれと高価なものを買い揃えたからと言って、馴染まなければ愛用品とはならず、愛蔵品となってしまいます。とにかく暫く使い続け、峻別を付けることが肝要でございます。

　それともう一つ、お料理をする上で一番大事なことは、台所と道具すべてに亘り衛生的で清潔であることが第一でございます。我々玄人は一点の曇りもないように鍋を磨き包丁を研ぎますが、これも作り手の料理に対する心構え、了見を推し量る鏡のようなものでございます。

浜作

三代目

料理噺　その三

愛用の調理道具 ぴったりと手にはまる瞬間が訪れる

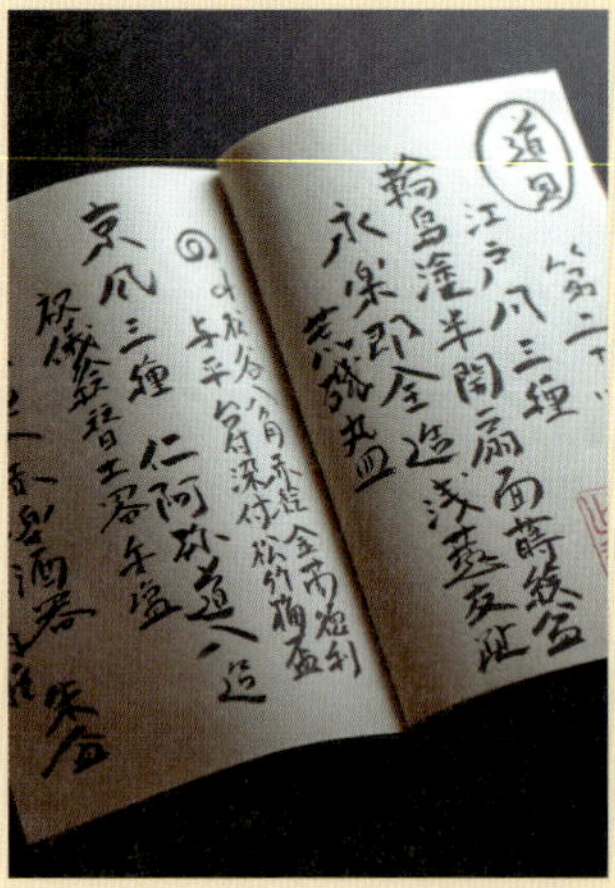

三代目森川裕之氏の筆となる、料理と器道具の覚え書き。

当代愛用の包丁には、先代から譲り受けた柳刃（右の2本）も並ぶ。

半世紀以上使ってきた、坊主鍋、当たり鉢、ちろり、片口。磨き込まれ、輝きを増す調理道具。

銅製の鍋は豆や葉野菜をゆがくときに。おろし金や丼鍋も銅製。

有次

椀もの

海老しんじょう椀

アスパラガス　椎茸
青柚子

輪島塗透かし紅葉絵雲錦煮物椀

割烹の真骨頂、和食の華

皆様方が日本料理のお店へ行かれると、先付、口取りに続いて椀ものが出て参ります。そのとき、ひと口吸い地を啜り、「あぁ、美味しい」と思わず言わしめることができたら、そのお店はしめたものであります。焚き合わせや焼きものと続く中でも、その吸いものの美味しさがアドバンテージとなり、満足が行く合格点に限りなく近づくものでありましょう。然様《さよう》に、椀もの＝吸いもののお味は、名店の主人、煮方が妍《けん》を競う、まさしく「和食の華」でございましょう。

大概に申し上げると、昔はお江戸の方が味が濃く、京、大阪が薄味という定評でありました。しかしこの頃では、京都で修業をした方が東京でお商売をなさり、極端に薄い吸いものが流行しております。水臭いのと薄味とは違います。しっかりと引いた出汁のお味を大切にして、とにかくご自分の味覚を信じ、根気強く塩と薄口醤油でお加減をなさりませ。徐々に山道を登るように、何回もお味見なさると、必ずピタッと決まるポイントを見つけることができます。そのポイントこそ、お味付けの醍醐味と言えるものであります。繰り返すことにより、その道も段々短く早く会得することとなります。

潮汁

鯛の頭　木の芽

刷毛目高台寺蒔絵椀

海老しんじょう椀

材料（4人分）
活け車海老……5尾
魚のすり身……大さじ2
椎茸……4個（小振り）
アスパラガス……8本（細め）
卵白……小さじ2
おろし生姜
出汁……3カップ
塩、出汁溶き浮き粉、みりん、酒、薄口醤油
青柚子皮

作り方

1 椎茸は石づきを取る。アスパラガスは塩茹でし、冷水にさらして水気を絞り、2等分する。

2 車海老は、殻をむいて適当な大きさに切り、包丁で叩いて粗みじんにする（a）。

3 **2**に魚のすり身、卵白、塩少々を加えさらに叩く。出汁溶き浮き粉適量、みりん小さじ1を加えさらに叩く（b、c）。浮き粉を出汁で溶く濃度は、牛乳を目安にすると良いでしょう。

4 出汁（分量外）と湯を1対1で合わせて沸かし、**3**をスプーンで丸めて（d）落とし、火を通す。**1**の椎茸とおろし生姜少々を入れて火を通す。お椀に盛り付け、アスパラガスを添える。

5 しんじょうに火を通すのと同時に、鍋に出汁を温め、酒小さじ4、薄口醤油小さじ2、塩小さじ1／2、みりん数滴で味を調え、熱々を**4**のお椀に張る。青柚子皮を飾る。

a
車海老は包丁で叩いて粗みじんにする。

b
魚のすり身、卵白を加えてさらに叩く。

c
浮き粉を出汁で溶いたものを加える。

d
叩いてよく混ざったら、スプーンで形作る。

出汁のとり方

材料
真昆布……30g
かつお節……50g
水……1.5ℓ

作り方

1 昆布は、表面を濡れ布巾で拭いて汚れを取り、程良い大きさに切って鍋に入れる。常温の水を注いで弱火に掛ける。水は軟水が適しています。硬水だと余分なミネラル分があり、昆布やかつおの味がスムーズに抽出されるのを妨げます。

2 徐々に温度を上げ80度前後にして10分間この温度を保つ。時間をかけすぎると、昆布の味が出すぎます。

3 味見をして昆布の味を確認できたら95度まで温度を上げ、昆布を引き上げる。

4 火を最小限までゆるめ、気泡が出ていないことを確かめる。かつお節を少しずつ振り入れる。かつお節は、何回にも分けて両手を使って入れます。一度に入れてしまうと、お湯に触れた部分だけの味が抽出され、中身のかつおの風味を充分に抽出することができません。何回にも分け、すべてのかつお節の表面がお湯に触れるよう、丁寧に振り入れます。

5 かつお節が全体に広がって沈みつつあるとき、固絞りしたネルをかけた水嚢ざるで漉す。このとき、絞らず、水分は落ちるに任せるといった具合にします。

潮汁

材料（4人分）
鯛の頭……1／2
昆布……長さ20cm1枚
塩、粗挽き黒胡椒
木の芽

作り方

1 鯛の頭は、出刃包丁でカマを切り分け、カマには隠し包丁を入れる（a）。

2 塩の入った熱湯に1をさっと潜らせ（b）、表面に火が通り白くなったら、すぐに氷水に浸け、流水で鱗やぬめり、血合いを取り除く。このひと手間は、霜降りをすると言い、生臭みを取り除くテクニックです。また、湯に通して霜降りをすることで、皮と鱗の収縮率の差により、鱗が剥がれやすくなります。

3 鍋の底に昆布を敷いて2を並べ、水500ccを注ぐ（c）。弱火にかけコトコト煮て、鯛がふっくらしてきて味が出ているのを確かめたら、塩ふたつまみで味付けし（d）、粗挽きにした黒胡椒を振る。このとき絶対に沸騰させない火加減にします。火を加えすぎると身がカスカスになるので、見極めが大切です。鯛は鮮度が大切です。生臭みが気になるようなら、調味の際に酒少々と生姜の絞り汁をお好みで加えると良いでしょう。酒は全体の5%ほどが目安です。

4 お椀に盛り付け、木の芽の香りを添える。

鯛の頭以外の材料は昆布と水だけ。仕上げに粗挽きの黒胡椒と木の芽は欠かせない。

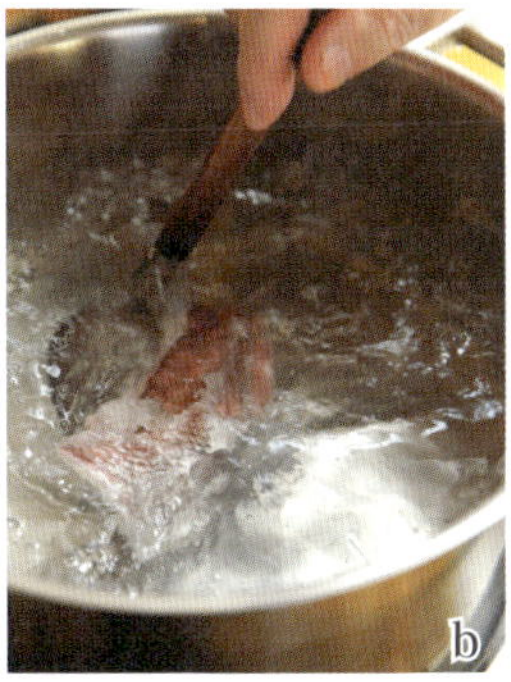

霜降りにする。塩を加えた熱湯にさっと潜らせて、氷水に浸けたら流水で洗う。

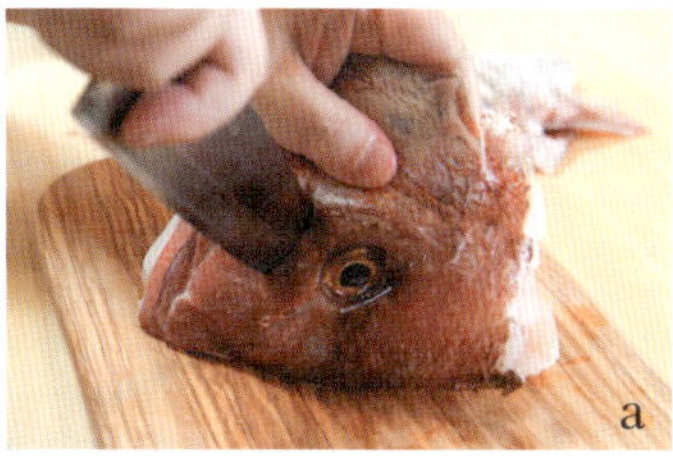

二つ割にした鯛の頭は目の下に出刃包丁を入れ、カマを切り分ける。

鍋の底に昆布を敷いて、鯛のカマを入れて、弱火でコトコト煮る。

鯛がふっくらしてきたら、塩をふたつまみ加えて味を調える。

鱧《はも》の葛叩き椀

材料（4人分）

鱧……1尾（約500g）
ごぼう（茹でる）……1本
モロッコいんげん（茹でる）……1本
昆布……20cm長さ1枚
出汁……3カップ
塩、葛粉、酒、薄口醤油
青柚子皮

作り方

1 鱧は骨切りする（a）。皮肌にまで切れ目が届いているが、皮は切れていないという状態にする。10cm程の長さに切る。

2 鍋に水と昆布を入れ温め、塩をたっぷり加え、海水程度に塩をきかせる。

塩茹でして、葛饅頭のように開いてきた鱧。身に充分火が通って旨味が引き出され、葛粉が柔らかくなったら、椀盛りにする。

3 1の鱧に少量の塩を振り、たっぷりの葛粉の中でまぶして、葛粉を優しく叩き込むように、充分につける（b、c）。

4 鱧は皮を内側にして軽く巻いて、2の湯の中へ落とす（d）。鍋の湯が噴きこぼれないように、途中でお湯を足す。

湯の温度は90度位でゆっくりと茹でます。鱧が葛饅頭のように開いてきます（写真上段）。

5 鍋に、出汁を入れ、酒小さじ4、薄口醤油小さじ2、塩小さじ1／2を加え、味見をして薄口醤油で味を調える。

6 4の鱧が茹で上がったら、すくい上げ、お椀に盛る。茹でて4cm長さに切ったごぼうとモロッコいんげんを添え（e）、5の出汁を注ぎ、青柚子皮をのせ、香りを添える。

a 鱧は骨切りをして10cm程度に切る。この工程用にプロ専用の鱧切り包丁がある。

b 骨切りした鱧に葛粉をつける。盆など平らな器に葛粉を広げて作業をするとよい。

c 鱧の切り目にも粉をまぶしたいので、手で叩き込むようにする。

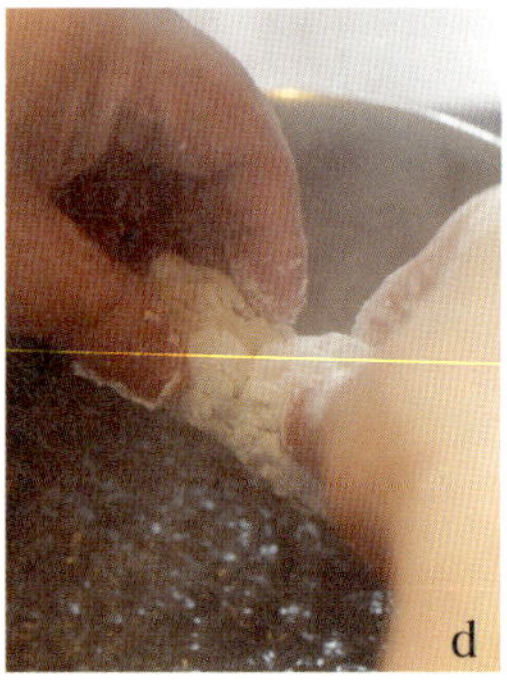

d 鱧は皮を内側にして軽く巻いたら、海水ほどの塩分濃度の煮立ったお湯に落とす。

e 椀に鱧を盛り、ごぼう、モロッコいんげんを添え、吸地を注ぎ、青柚子を添える。

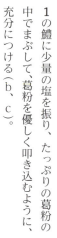

祇園祭と鱧

毎年七月一日に始まり、丸一か月間続く祇園祭はご承知の通り日本三大祭りであります。中でも、十七日と二十四日の御神輿の渡御《とぎょ》、山鉾《やまほこ》巡行で最高潮を迎えます。例年、気温は三十五度を超え、蒸し暑い京の夏を乗り越えることは、千年来、京都人にとり一番の難事でございました。海から遠く離れた都では、新鮮な海産物が乏しく、特に酷暑の夏、唯一生のまま届けられたのが鱧でございます。この貴重なたんぱく源である鱧を京都人は殊の外、珍重いたしました。しかしながら小骨が多く、実に扱いづらいものでありました。そこで、鱧の骨切りという特殊技術が生まれました。細かく骨切りされた鱧は淡雪のように白く、淡白ながらも上品な旨味に溢れ、夏の京都を代表する「うまいもの」の第一であります。美食家で知られた谷崎潤一郎先生も一番の好物でございました。

朱塗宝尽し蒔絵椀

滋味豊かな秋の椀

稔りの秋と言われるものの、意外と主役となる野菜が少ない時季でございます。そこで、活躍いたしますのが旬を迎えるきのこでございます。中でも松茸は王様と言えるものですが、昨今では異常な値上がりで、とてもご家庭の食卓に登場できる価格ではなくなりました。美味しさでは引けを取らないしめじや椎茸をふんだんに使い、一番出汁に鶏の旨味を加えることで、きのこ特有の湿り気臭さを相殺して、奥行きある旨味を作り出します。

鉄漿蒔絵平椀

鶏ときのこの汁

材料（4人分）

鶏もも肉……300g
椎茸……4個（小振り）
しめじ……150g
生きくらげ……4枚
出汁……2カップ
昆布……10cm長さ1枚
塩、酒、濃口醤油、薄口醤油
三つ葉、柚子皮

作り方

1 鶏もも肉は斜め45度位に包丁を入れてそぎ切りにし、さらにひと口大に切って塩をする。

2 椎茸も斜め45度位に包丁を入れて、3等分にそぎ切りにする。

3 しめじは石づきを取ってほぐし、きくらげは1枚を4等分に切る。

4 鍋に出汁を入れ点火し、昆布を入れる。さらに酒100ccを加え、沸騰しているところに**1**の鶏肉を入れる（a、b）。

出汁に昆布を入れて風味を濃厚にします。

5 鶏肉の表面に火が通ったら、**2**、**3**のきのこ類を加え（c）、濃口醤油、薄口醤油各大さじ1、塩少々で味を調え、中火～強火で鶏肉に火が通るまで焚く。

6 さらに強火で1分程焚いて、盛り付ける寸前に三つ葉を加え、余熱で火を通す。

7 お椀に盛り付け、短冊切りの柚子皮を飾る。

鍋に出汁を入れ、昆布を加えたら弱火にかける。酒を加えたら中火にする。

鍋の出汁が充分に沸騰したら、鶏肉を入れて軽く火を通す。

きのこ類を加えて、調味していく。鶏肉の火が通るまで中火から強火で焚く。

お揚げに豆腐、根菜とりどり葛のとろみで晩秋の椀

底冷えのする夜に是非ともお試しいただきたく存じます。これ一椀あれば、ご飯が無くともお豆腐とお揚げのボリュームで充分満腹になります。彩りのお野菜をたっぷり添えることで栄養価のバランスも取れ、仕上げに葛餡を引くことにより、より体の芯から温まること必定であります。

根来合鹿椀

けんちん汁

材料（4人分）

絹漉し豆腐……1丁
油揚……1枚
小芋……5個
大根……1／4本
人参、ごぼう……各1／2本
蓮根……1／4本
いんげん豆……5本
出汁……3カップ
酢、塩、酒、みりん、薄口醬油、葛粉
柚子皮

作り方

1 油揚は2～3cm幅の大きめの短冊切りにする。

2 小芋は布巾で上から下に向かってこすり皮をむき、水で洗う。六角形に切って下茹でし、横半分に切る。

3 大根、人参、ごぼうは1cm幅の短冊切りにして下茹でする。

4 蓮根は皮をむいて縦半分に切り、薄く半月切りにし、酢水に10分位漬ける。

5 いんげん豆はヘタを切り、塩で磨き、塩を入れた熱湯でさっとゆがき氷水にとる。4cm長さに切る。

6 鍋に出汁、**2**、**3**、**4**の材料を入れて火にかけ、中火で煮る。

7 さらに油揚げを入れて中火のまま煮る。

8 豆腐は2cm角のさいの目切りにする(a)。

豆腐は崩れやすいので、まな板全面にラップを巻きつけてなるべく摩擦が起きないようにします。切るときは左手で豆腐を軽く支えます。また鍋に入れるときは、巻きつけたラップの上で豆腐を滑らせるように優しく鍋に入れます。

9 **7**に薄口醬油大さじ1と1／2、酒、みりん各大さじ1、塩ひとつまみを入れて調味する。

10 **9**を沸騰させた中に、水で溶いた葛粉を加えてとろみをつける(b)。

11 **8**の豆腐を入れ、いんげん豆を加える(c、d)。

12 さらに、水で溶いた葛粉少々を加えとろみをつける。

豆腐の水分で水っぽくなりますので、再び水溶き葛粉でとろみをつけます。

13 お椀に盛り、仕上げに松葉に切った柚子皮をのせ、香りを添える。

豆腐を切るときは、まな板全体にラップをかける。鍋に入れるときにも便利。

芋類、根菜類に火が通り、油揚げを入れたら調味して、水溶きの葛粉を加える。

葛粉で汁にとろみがついたら、絹漉し豆腐を加える。

いんげん豆を加え、もう一度水溶き葛粉を入れてとろみをつける。

厚切りの焼きサーモンを豪快に粕汁仕立てに

京都では、二月三日の節分の頃に粕汁をよく作ります。伏見や灘の馴染みの酒蔵さんから次々と酒粕の戴き物があります。私どもでは、家でも賄いでも毎日のように粕汁を拵えます。普段は、精進もので充分ですが、写真のようにサーモンや鮭の切り身を台に据えればもう立派なご馳走となります。お魚も野菜もお汁も熱々にしてお召し上がりくださいまし。本当にお汁ものは熱いできたてに限ります。

輪島朱塗吸物椀

粕汁

材料（1人分）

サーモン切り身……1切れ（200g位）
大根……1／5本
人参……1／2本
ごぼう……1／3本
塩水……200cc
出汁……300cc
酒粕……60～70g
塩、薄口醤油
三つ葉……1束

作り方

1 大根は短冊切り、人参は千切りにして流水にさらし、ごぼうはささがきにする。

2 サーモンは塩をし、フライパンには油を引かず、皮目を下にして中火で皮がパリッとするまで焼く(a)。

3 裏返して、身の面を下にして焼き固め、さらに身を返しながら表面をそれぞれ焼き固めたら、5％の濃度の塩水を注ぎ(b)、さらに火を通す(c)。

4 鍋に出汁を温め、1の野菜を入れる。具材に火が通りはじめたら、味噌漉しを使って、酒粕を泡立て器で溶きながら加え(d)、薄口醤油少々で味を調える。

5 お椀に3のサーモンを盛り付け、適当な大きさに切った三つ葉を散らし、4の粕汁を注ぐ。

a サーモンは皮目、身側と表面をそれぞれ焼き固めたら、塩水を注ぐ。

b 塩水を入れ、中火のまま、さらにサーモンに火を通す。

c サーモンの仕上がり。皮目はパリッとしたまま。

d 粕汁の方は、鍋に出汁を温めて野菜に火が通ったら、酒粕を溶き入れて仕上げる。椀に焼いたサーモンを盛り、粕汁を注ぐ。

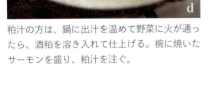

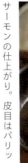

浜作誕生の地、大阪ゆかりの伝承の汁もの

京都祇園に店を移して九十二年になりますが、浜作の浜の由来は大阪の船場、北浜をオリジンといたします。祖父も大阪で修業して一人前の料理人となりました。一番出汁に利尻昆布を使わず、真昆布に重きを成すのも大阪風であります。中でも、元来、船場の商家の質素倹約が生んだ船場汁（原型は鯖《さば》のアラと大根を二次利用した丁稚《でっち》のための賄いだったものを、余所行きにするため鯛のカマを使った）と、夏の野菜不足を補うために考えた沢煮椀の二つは浜作創業以来の名物椀であります。

船場汁

材料（4人分）

鯛のアラ……4切れ
大根……1／4本
いんげん豆……2本
昆布……10cm長さ1枚
塩、薄口醤油、生姜汁

作り方

1 鯛のアラは沸騰した湯にさっと潜らせ、表面に火が通り白くなったら、すぐに氷水に浸け、鱗やぬめりを取り除く。

2 大根は5cm長さの拍子木切りにする。

3 いんげん豆は塩で磨き、塩の入った熱湯でさっとゆがき、氷水にとり4cm長さに切る。

4 鍋に**1**、**2**と昆布、水1ℓを入れて火にかけ、弱火でコトコト煮て、アラから味が出ているかを確かめて、さらにしばらく煮る。グラグラさせない火加減であることが重要です。火が強すぎると、お汁が濁ってしまいます。

5 火が通ったら薄口醤油小さじ2と塩少々で調味する。生姜汁を適量加える。大根に含まれるジアスターゼという酵素や生姜のジンゲロールには、生臭みや脂臭さを取り除く効果があります。大根と生姜は、このお料理には欠かせない食材であります。

6 お椀に鯛のアラと大根、いんげん豆を盛り、熱々の汁を張る。

沢煮椀

材料（4人分）

もやし（ひげなし）……1／3袋
人参……1／3本　大根……1／5本
ごぼう……1／4本
ほうれん草……1／4束
豚背脂……20g　出汁……400cc
塩、酒、みりん、薄口醤油、粗挽き黒胡椒
サラダ油

作り方

1 人参は千切り、大根は拍子木切り、ごぼうはささがきにする。ほうれん草は下茹でし、冷水に落とし水気を絞り4cm長さに切る。

2 フライパンに油を引き、弱火で、もやし、大根、人参、ごぼう、ほうれん草の順に入れ、炒め、火を通しすぎないようにシャキシャキ感を残し、それぞれに塩少々をする。フライパンの中ですべての材料を混ぜ合わせるのではなく、場所を分けてフライパンに入れ、野菜自身の水分で火を通す方法です。

3 豚背脂は細切りにし湯通しをし、氷水にとる。豚背脂の代わりに鶏ささみ肉を使っても良い。

4 鍋に出汁を温め、酒、薄口醤油各小さじ2、みりん小さじ1、塩ひとつまみ、粗挽き黒胡椒適量を加える。味付けは少し塩味が勝っている方がより清涼感が生まれます。黒胡椒とも好相性です。

5 お椀に具材を盛り付け、**4**の出汁を注ぎ、**2**のほうれん草を飾る。

朱塗松絵吸物椀

永楽妙全造　網絵染付小吸物椀

味噌汁を楽しむ

お味噌汁というものは、ご出身地やご家庭それぞれにお好みがあり、やはり第一はおふくろの味と呼ばれる、子どもの頃より親しんだお味が第一等であることは間違いございません。茶懐石では初めに炊きたての白ご飯とお味噌汁を誂えます。我々割烹では最後のご飯のときにお味噌汁を仕立てます。出汁にお味噌を溶くだけの極単純なお味付けですが、それだけに、後から修正の利かない難しさがあります。白味噌は、秋から冬にかけて寒さが増すにつれて甘味も増し、段々美味しくなるものであります。我々京都人としての自意識を最も感じるお料理が、この白味噌のお味でございます。

輪島塗夜の梅国宝蒔絵椀

絹漉し豆腐は2等分して湯に入れる。大ぶりのほうがおすすめ。

ゆらゆらとしたところで火を止め、椀に盛って味噌汁を張る。

秋冬の味噌汁（白味噌 豆腐）

材料（2人分）

絹漉し豆腐……1/2丁
白味噌（山利）……75g見当
出汁……300cc　練り辛子……適量

作り方

1 鍋に出汁を温め、味噌漉しを使って、白味噌を溶いておく。香りが飛ぶので絶対に沸騰させないこと。
沸騰させると一瞬のうちにくどさと酸味が出てしまいます。薄いかなというところで一度味見をして微調整してください。

2 別の鍋に湯を沸かし、2等分した豆腐を入れ、火にかけてグラッときたところで火を止める。
豆腐は中心まで温かくするために、**1**の鍋ではなく、別鍋で沸騰させた湯で温めます。

3 豆腐をお椀に盛り付け、練り辛子をのせ、温めた**1**の味噌汁を張る。

夏の味噌汁（赤味噌 焼き茄子）

材料（2人分）

茄子 …… 1本
赤味噌（山利）…… 15g見当
出汁 …… 300cc
実山椒 …… 適量

作り方

1 鍋に出汁を温め、味噌漉しを使って、赤味噌を溶いておく。香りが飛ぶので絶対に沸騰させないこと。沸騰させると一瞬のうちにくどさと酸味が出てしまいます。薄いかなというところで一度味見をして微調整してください。

2 茄子のヘタをくるりと切り取り、皮に縦の切り目を数本入れる。焼き上がりに皮をむきやすくするために、縦に切り目を入れておきます。

3 網で5分程焦げ目がつく位、しっかりと焼く。

4 3の茄子を氷水にとり、時間を置かずに引き上げ、皮をむいて横半分に切る。氷水に浸けたままですと、茄子に焦げの匂いがついてしまいます。

5 お椀に4の茄子を盛り付け、実山椒をのせる。温めた1の味噌汁を張る。

輪島塗八ツ橋国宝蒔絵椀

茄子は網焼きにし、焦げ目がしっかりつくようにする。

皮には、焼く前に縦に切り目を入れておくとむきやすい。

「白味噌、赤味噌共に、私どもでは京都東山区の山利商店のものを長らく用いております。今回のレシピは山利のもので分量をお示ししていますが、お味噌は蔵元によって塩分もお味も異なりますので、こちらはあくまで目安です。どうぞ、お味を見ながら分量も加減してください」。

ご飯もの

有史以来、日本人が最も大切にしてきた日本料理の根本と言えるものがお米、すなわち、白ご飯であります。白ご飯ほど神々しく、有り難く、また美味しいものは他にございません。ダイエットや糖質制限など、最近はお米に対してネガティブな風潮ばかりが目立つ世の中となりましたが、千五百年以上、毎日、毎食絶えず食べられ続けてきたものですから、お米が体に悪い筈がございません。日本料理家として私は、白ご飯の素晴らしさを、もう一度認識していただき、後世に日本古来の文化としての米食を伝える義務があると深く心に刻んでおります。

明治38年製　象彦蝋色花丸蒔絵飯器

叶 松谷造　染付蝶絵御飯茶碗

白ご飯

材料

米

作り方

1 ボウルに、米と米の4倍量の水を注ぎ、よくかき混ぜ、汚れやごみを洗い流す。これを2回繰り返し、米がひたひたに浸かる量の水を入れたら、軽く米と米をすり合わせて、ぬか臭さを取り除くように研ぐ。

2 たっぷりの水を注ぎ、濁った水をまた捨て、これを2、3度繰り返す。勢いよく水を注ぎ入れ、軽くかき混ぜて水を捨てる。これを、研ぎ汁が透明になるまで繰り返す。

3 大きめのざるに上げて30〜40分、米を乾かしておく。

4 土鍋に米を入れ、乾かした後の米の分量の1.15倍量の水を加え、蓋をして強火に掛ける。米をぐつぐつと3〜4分炊く(a、b)。この間、土鍋の中の水が噴きこぼれてきたら、火は弱めずに強火のまま蓋を取り、水加減を調整し(c、d)、また蓋をする。
噴きこぼれるからといって火を弱めてはいけません。ぐつぐつと沸騰している状態が3、4分あればいいのです。昔からよく言われているように、「赤子泣いても蓋取るな」は火を止めて熱量の補給が遮断された後のことです。他のお料理では煮上がり加減を肉眼で確かめることができるのに反して、ご飯は蓋を取らずに、最後まで鍋の中の状態を確認できないから根本的な失敗が生まれます。時系列を肉眼で確認し、少なかったら水を足す、多かったら水を取れば良い。何回蓋を取ってもそれが失敗に繋がることはありません。

5 鍋の火をゆるめ、沸騰を少し抑える。

6 鍋の底にかすかにパリパリと音がしたら、火を止めて10分置く。
余熱を逃がさないように、土鍋はタオルなどでくるみ、蒸気穴は濡れ布巾などでふさいでおきます。

7 蓋を開け、杓文字で丁寧に底からふんわりとかき混ぜる(e)。
このときに、木製のおひつに移すと、最も美味しいご飯がいただけます。ご飯の水の量はあくまで基準であって、お米の状態も千差万別です。新米と日が経ったものでも異なります。試行錯誤されて、ご自身のお好みの加減を体得なさることが一番であります。

a 土鍋に洗って乾かした米と、1.15倍の水を入れる。

b 土鍋の蓋をして、強火で3〜4分沸騰させる。

c 噴きこぼれが心配な場合は、蓋を取ってもよい。

d 噴きこぼれて、水加減が足りないようなら、少し足す。火をゆるめて、沸騰を少し抑えたら、蓋をする。

e 火を止めたら、余熱を逃がさないように。蓋を開けるのは10分置いてから。

炊き込みご飯の定番

今日は簡単な御献立でおかず少なに済まそうというときなどに、加薬ご飯は最適であります。残りものの野菜などを細かく刻み、お汁ものと焼き魚でもあれば食卓の成立に遜色は認められません。具材はあまり大きく刻むと、口中でゴロゴロし、噛むリズムが悪くなり飽きが来ます。私どもではかなり細かく刻んでご飯と一体化するようにいたします。それともう一つ、ポイントは油揚（無ければサラダ油を数滴垂らしても構いません）などの少しの油を加えることであります。これにより、炊き上がりが艶良く、パサパサになることが防げます。

欅地拭き漆塗轆轤挽丸縁高

加薬《かやく》ご飯

材料

米（洗って乾かす）……3合
油揚……1／2枚
人参……1／3本
ごぼう……1／4本
椎茸……2枚
こんにゃく（ゆがく）……1／3枚
絹さや……3枚
出汁……米の1・15〜1・2倍量
昆布……20㎝長さ1枚
みりん、濃口醤油、塩

作り方

1 油揚は半分に薄くへぎ、1・5㎝幅の帯状にして、3㎜幅位に細かく刻み、熱湯をかけて油抜きをする。人参、ごぼう、椎茸、ゆがいたこんにゃくは3㎜のあられ切りにする。

2 絹さやは塩茹でして冷水にさらし、4等分にする。

3 土鍋に米を入れ、**1**の具材をのせ、出汁を注ぎ、みりん、濃口醤油各小さじ4、塩少々を入れて、昆布をのせる（a〜c）。強火にかけ、沸騰したら蓋をする（d）。

沸騰するまで蓋はせず、よく沸騰させてから蓋をします。

4 鍋の底にかすかにパリパリと音がしたら、火を止めて10分置く。

余熱を逃がさないように、土鍋はタオルなどでくるみ、蒸気穴は濡れ布巾などでふさいでおきます。

5 蓋を開け（e）、昆布を外し、杓文字で丁寧に空気を入れるようにふんわりとかき混ぜる。

6 器に盛り付け、**2**の絹さやを飾る。

a
土鍋に米を入れたら、上から具材をのせていく。

b
出汁を注ぎ、調味料を加える。

c
最後に昆布をのせて、蓋をせずに強火にかける。

d
沸騰してきたら、鍋に蓋をして、火をややゆるめる。

e
火を止めて蓋をしたまま10分置く。加薬ご飯の炊き上がり。

紅白ご飯

材料

米（洗って乾かす）…… 2合
塩紅鮭 …… 80g
大根 …… 1／4本
三つ葉 …… 1株
京番茶ティーバッグ …… 1つ
出汁 …… 米の1・15～1・2倍量
薄口醤油、みりん

作り方

1 塩紅鮭は焼いて、皮と骨を取り除き、身をほぐす。大根は1㎝の角切り。三つ葉はゆがいて冷水にとり、水気を絞り3㎝長さに切る。

2 鍋に米、大根、京番茶のティーバッグを入れ、出汁を注ぐ(a)。

3 薄口醤油小さじ2、みりん小さじ1を加え(b)、火にかける。沸騰したら京番茶を取り出し(c)、アクを取り、蓋をして3～4分炊く(d)。出汁が噴きこぼれそうな場合は一旦蓋を開けても良いでしょう。噴きこぼれて水加減が狂ってしまうことを防げます。弱火にしてからは蓋を取らず炊き上げます。

4 火をゆるめ、沸騰を少し抑える。かすかに焦げた香りが漂い出したら火を止め10分蒸らす。

5 **4**のご飯を温かいうちに飯台に移し、ほぐした塩紅鮭を混ぜる(e、f)。鮭は、ご飯と一緒に炊きますと生臭みが籠ってしまいますので、炊いたご飯に混ぜます。

6 茶碗に盛り付け、三つ葉を飾る。

米と大根、京番茶のティーバッグを入れ出汁を注ぐ。

鍋に調味料を入れたら、蓋をせずに沸騰させる。

京番茶のティーバッグを取り出し、アクを取る。

よく沸騰させてから蓋をして、強火で3～4分炊き、その後火をゆるめる。

炊き上がったご飯を飯台に移して、杓文字で広げる。

焼いた鮭の身をほぐしてご飯に混ぜ込む。

おめでたと言えばお赤飯ですが、皆様お好きな鮭を用い、その生臭みを抑え、さっぱりと仕上げるために大根を加えます。ご覧のように、色合いも良く、紅白ご飯と名付けさせていただきました。

叶 松谷造　色絵兎草文蓋物
「かにかくに 祇園はこひし寝るときも」朱塗盆

三浦竹泉造　花菱繋ぎ染付蓋向付

混ぜご飯二種

つまみ御料《ごりょう》

干物は鰤でも、白身魚でも良い。温かいご飯と相まって糸若布と焼き海苔の磯の香りが食欲をそそる混ぜご飯。

材料

炊きたてのご飯……2合分
鯵（干物）……1尾
乾燥糸若布……適量
大葉……5枚
焼き海苔……適量
酢橘……適量

作り方

1 鯵はしっかりと焼いて、頭と皮、骨を取り除き、身をほぐす。

2 乾燥糸若布は5㎜長さに切り、大葉は千切りにして水にさらし、水気を絞る。

3 炊きたてのご飯に、若布、大葉、鯵のほぐし身の順に、ご飯が手につかないように水で軽く手を濡らし、手で混ぜ合わせる。

4 仕上げに焼き海苔を細かくちぎり入れ、さらに手で軽く混ぜる。

5 酢橘を搾り風味に変化をつける。さらに混ぜ、茶碗に盛り付ける。

無造作に混ぜると粘りが出てしまうので、米を潰さないよう意識しながら全体が混ざり合うように手で合わせていきます。お好みで塩加減するか、薄口醤油を数滴垂らしても良いでしょう。

叶 松谷造　仁清写菊絵蓋向付

大《お》原《はら》木《ぎ》ご飯

穴子は、酒と薄口醤油を同量合わせた一杯醤油を掛けてカリッと焼く。大原の里ゆかりの柴漬けが入るのでこの名がある。

材料

炊きたてのご飯……1.5合分
穴子……1尾
一杯醤油［酒1：薄口醤油1］
柴漬け……30g
柚子皮……適量

作り方

1 穴子は水洗いして腹開きにして串を打ち、皮目から焼く。焦げ目がついたら裏に返して身の方を焼き、一杯醤油でつけ焼きする。一杯醤油は、材料を合わせ、一度煮立てたもの。乾けばまたつけるようにして、これを3回繰り返す。
ご家庭では焼き網で白焼きをして、一杯醤油をつけてからはオーブントースターで仕上げるようにすると、焦げづらく上手く焼けるでしょう。

2 1の穴子はひと口大に細切りし、柴漬けはみじん切りにする。

3 炊きたてのご飯に、焼き穴子と柴漬けを混ぜる。

4 茶碗に盛り付け、柚子皮を細かく千切りにした針柚子を散らす。

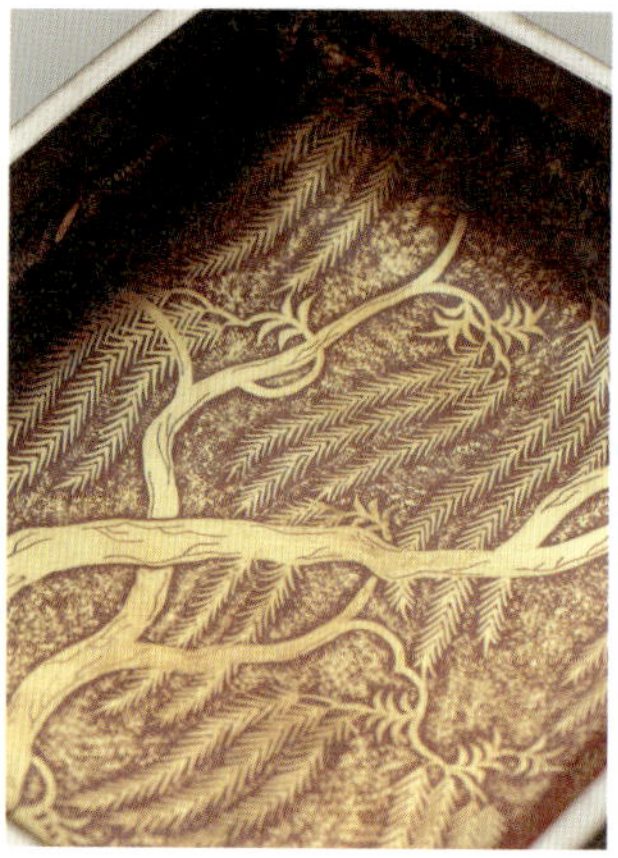

ハレの日のご馳走に

私が学生の頃まで、京都のお家では、ハレの日、これを京都では紋日《もんび》とも申しますが、例えば、結納、結婚式、出産、還暦、喜寿、米寿などのおめでたき日には必ずお寿司を拵えました。

台所寿司という名前は、江戸のちらし寿司とは違い、あまり高級な食材、例えば鮪や鮑、鯛、海老などお造りにできるような生ものを使わず、一般のご家庭でも簡単に手に入るような材料をそれに充てるという意味であります。確か、祇園の「いづう」さんの命名が始まりと聞いております。江戸と京、大阪のお料理の違いは、それぞれの料理人の往来が密になったせいもあり、年々少なくなっているように思えます。しかし、このお寿司に関しては全くと言ってよい程の違いがあります。寿司飯において、江戸はあまり砂糖を使いませんが、上方は甘口にいたします。逆に錦糸卵は、江戸はお砂糖をきかせて甘く仕上げるのに対し、上方はほんの少しの塩味だけであっさりと仕上げます。どちらも良し悪し無く、この二つの味付けの柱は変えずに残したいものであります。写真のように、具材を一切見せず、錦糸卵と木の芽だけで上品に盛り付けるのが京風であります。叶《かのう》松谷《しょうこく》先生の、豪華絢爛な赤絵金襴の食籠にめでたく七人前を盛り付けました。京都のお寿司には木の芽の香りが必須であります。

台所寿司《だいどころすし》

台所寿司の台所とは、家にいつもあるもの、つまり常備しているもの、乾物などを中心にした具材を本来、指す言葉です。

叶 松谷造　赤絵金襴大食籠

台所寿司

材料

炊きたてのご飯……3合分
寿司酢［米酢90cc、砂糖45g、塩15g］
どんこ椎茸（べっこう煮）……5枚
高野豆腐（うま煮）……1枚分
新生姜（甘酢漬け）……50g
焼き穴子……1尾
焼き海苔……2枚（全型）
錦糸卵……全卵4個、卵黄2個分、塩
酢
木の芽

作り方

1 鍋に寿司酢の材料を温め、砂糖と塩を溶かす。沸騰させると酢の酸味が飛んでしまうので強火にしないように注意が必要です。

2 炊きたてのご飯を飯台に移し、ご飯の中央あたりに寿司酢を半量程まわしかけ、杓文字に寿司酢をつけながら(a)、寿司酢を徐々に加え、ご飯を切るように混ぜる。表面を団扇であおいで粗熱をとり、ご飯を返し、別の面に風を当てながら、これを2～3回繰り返す。蒸気が出なくなったら、濡らしてよく水気をきったさらし布を上から掛けておく。熱いご飯には温かい寿司酢の方が吸収されやすいことを覚えておくと良いでしょう。しかし、熱いご飯の蒸気が粘りの原因にもなりますので、必ず団扇であおぎ、この蒸気を除くようにしてください。杓文字に寿司酢をつけながらご飯に加えるのは、杓文字にご飯がつきにくくなるからです。

3 水に酢を少量混ぜた、手酢を用意する。

4 どんこ椎茸、高野豆腐、新生姜の甘酢漬け、焼き穴子はみじん切りにする。

5 2の寿司飯に、どんこ椎茸、高野豆腐、新生姜の甘酢漬け、焼き穴子の順に、3の手酢をつけた手で混ぜる(b)。最後に焼き海苔を細かくちぎり入れ、さらに手で混ぜる(c、d)。

6 器に5を盛り、上に錦糸卵を敷き詰め、木の芽を飾る。

a

寿司酢はいっぺんに混ぜずに、少しずつ加える。

b

寿司飯にはどんこ椎茸から混ぜていく。

c

具材の最後に焼き海苔を細かくちぎって入れる。

d

手で混ぜていくので、水に酢を合わせた「手酢」を用意する。

どんこ椎茸　べっこう煮

椎茸は水に3時間程浸して戻す。鍋にその戻し汁、酒、みりんを入れ、コトコト煮る。20分程で煮汁が4割程蒸発する。椎茸が柔らかくなったらザラメを加えてさらに煮る。たまり醤油を入れ、煮汁がなくなるまで煮詰める。

[煮汁の割合／戻し汁5：酒4：みりん1：ザラメ1：たまり醤油1～1.5]

焼き穴子

穴子は水洗いして腹開きにして串を打ち、皮目から焼く。焦げ目がついたら裏に返して、身の方を焼き、一杯醤油でつけ焼きにする。一杯醤油は材料を合わせ、一度煮立てたもの。乾けば、また、つけるようにして、これを3回繰り返す。串は穴子の身が温かいうちに抜く。

[一杯醤油の割合／酒1：薄口醤油1]

新生姜　甘酢漬け

新生姜は薄切りし、熱湯で茹でてざるに上げたら、塩を振る。冷ましてから、甘酢に1日漬ける。

[甘酢の作り方／酢180cc　水180cc　砂糖100g　塩少々　昆布5cm角　以上を合わせてひと煮立ちさせる]

甘酢漬けは新生姜以外にも蓮根、みょうがなどでも応用でき、箸休めに重宝します。

高野豆腐　うま煮

高野豆腐は戻してひと口大に切る。鍋に出汁200cc、砂糖大さじ1、薄口醤油小さじ2、みりん小さじ1、塩小さじ1／5を合わせて、高野豆腐を入れ10分程煮て、冷ます。

高野豆腐は調味料を入れずに出汁で焚くと、溶けてしまいます。必ず調味料を入れてから焚くこと。味付けを甘めにするとザラザラ感がなくなります。

錦糸卵

作り方

1 全卵4個と卵黄2個分を合わせてよく溶き、塩少々を加えて漉す。中火で熱した卵焼き器に卵液をできる限り薄く流し入れる。
卵を焼くというよりは余熱で固めるといった具合です。温度が高すぎると焦げてしまうので、濡れ布巾に底を当て、粗熱をとると良いでしょう。

2 全体に火が通ったら菜箸を鍋肌と卵の間に差し入れ、静かに持ち上げるように菜箸の位置を移動して回転させながら裏返す。
卵焼き器を火からおろすとやりやすいです。

3 もう片面にも火を通す。卵液すべてを同様に焼いたら、3cm幅の帯状に切り揃え、できる限り細く刻む。

料理MEMO

美味出汁
［材料と作り方］
1 鍋に水1.4ℓ、みりん100cc、薄口醤油80cc、濃口醤油20cc、砂糖大さじ1、昆布を鍋直径2枚分（20g）を合わせて弱火にかける。
2 徐々に温度を上げて、20分位をかけて、昆布の旨味を引き出す。沸騰する直前にかつお節40gを鍋満面に振り入れて火を止め、そのままゆっくり冷ましてから漉す。

丼つゆ
［材料と作り方］
1 鍋に濃口醤油、みりん各600cc、酒200ccを合わせ、沸かしてから冷ます。
2 別の鍋に水2ℓ、出汁昆布20gを入れて、60度で1時間煮出す。そこにメジカ節（宗田節）50gを入れてさらに20分煮出す。
3 ①の冷ました調味料と②の出汁を合わせ、ザラメ60g、たまり醤油50cc、上白糖30gを加え、2時間程ゆっくり煮詰める。全体量が2／3程になったら火を止めて、一晩寝かせる。
4 翌日、③に酒200cc、みりん70ccを加え、もう一度火を入れてから冷ます。もう一晩寝かせて、冷えた状態で味を見て、バランスを調整する。
煮詰まり過ぎていたら、酒を足すか使うときに出汁を足します。甘さが気になれば濃口醤油で、逆のときはみりんを足して調整します。

土佐酢
［材料と作り方］
1 鍋に水、酢各400cc、みりん、濃口醤油各100cc、砂糖小さじ1、昆布を鍋直径2枚分（15g）を合わせて弱火にかける。
2 徐々に温度を上げて、20分位かけて、昆布の旨味を引き出す。沸騰する直前にかつお節30gを鍋満面に振り入れて火を止め、そのままゆっくり冷ましてから漉す。

白の焚き味噌
［材料と作り方］
1 鍋に白味噌（山利）500g、酒100cc、みりん50cc、砂糖65～75gを加えて弱火にかけ、焦がさないように練り込む。
2 水気が無くなってきたら、卵黄3個を加えて更に練り込む。
3 元の味噌の硬さより、すこしゆるい位で、かつお節ひとつかみを加えてかき混ぜ、冷ましてから裏漉す。

赤の焚き味噌
［材料と作り方］
1 鍋に赤味噌（山利）500g、酒100cc、みりん75cc、砂糖150～200gを加えて弱火にかけ、焦がさないように練り込む。
2 元の味噌の硬さより、すこしゆるい位で、かつお節ひとつかみを加えてかき混ぜ、冷ましてから裏漉す。
お味噌は白赤共、京都東山区の山利商店製を長年愛用しています。製造元によってお味噌は風味も塩分もかなり違ってきますので、レシピの分量はお使いになるお味噌次第です。味見しながら加減してください。

辛子酢味噌
［材料と作り方］
1 白の焚き味噌に酢を徐々に足し、練り辛子を適量加える。
焚き味噌と酢の割合は2：1が目安です。甘味が勝たないように酢はしっかりと加えます。辛子をきかせるとパンチのある味になります。

青寄せ
［材料と作り方］
1 ほうれん草の葉をフードプロセッサーで粉砕して、沸騰した湯に入れ、浮き上がった緑色の色素をすくい上げる。フリーザーで急冷する。

料理の言葉 etc.

当たり鉢
すり鉢のこと。材料をすりつぶして細かくしたり、しんじょうを作るときなど、材料を合わせる場合に用いる。

色止め
野菜など、ゆがいた青みを鮮やかな色に保たせるため、冷水にさらすこと。

隠し包丁
本来の形を損なわず、食べやすくするため、また味を染み込みやすくするために、目立たないところに、完全に貫通しないように包丁で切り目を入れること。

霜降り
霜がおりたように生の魚や肉の表面だけをさっと熱湯に通すこと。臭み、ぬめり、余分な脂肪分を取り、表面を固めて旨味を逃がさないなどの利点がある。

水嚢《すいのう》ざる
漉し器の一種。出汁を漉すときに用いる。

立て塩
海水程度の塩分濃度（3％）の水を指す。魚や野菜の下拵えに用いる。

天盛り
見た目や味、香りを引き立てるため、木の芽や柚子などを料理の一番上に盛ること。

針生姜
生姜の皮をむき、繊維に沿ってごく細く千切りにする。水にさらしてアクを取り、水気をきって用いる。

針柚子
柚子の表皮をこそげて、ごく細く千切りにしたもの。水にさらし、水気をきって用いる。

ふり柚子
柚子の表皮をおろし金ですりおろし、料理に散らして香りを添えること。

松葉柚子
柚子を細い短冊形に切って、松の葉のように二つに先が分かれる切り方をしたもの。

おわりに

浜作の三代目主人としてのライフワークは、祖父が創り出した「板前割烹」という流儀を正しく継承しながらも実践し、後世にそれを伝えることであります。この道を志して入門するプロの料理人に対しては勿論のこと、アマチュアの生徒さんであっても、本質において何ら変わりはありません。跡を継いで三十年、優に三百人近い料理人が巣立って行きました。これも決して少ない数ではございません。しかし、料理教室においては延べ三万人を超える生徒さんがお通いになりました。実に驚くべき人数であります。お陰様で、日が暮れてから始まるカウンターを挟んでのお客様との真剣勝負と並んで、お昼の料理教室は浜作の名物となりました。全国から数多くの生徒様に毎月お通い頂いておりますが、その中には料理評論家やグルメライター、編集者、テレビ関係者など、ある意味において食のプロの方々も沢山いらっしゃいます。昨今では特に「浜作さんの料理教室はとてもユニークで実に面白い」という口コミが広がり、連日補助席をご用意しなければならない満員状態が続いております。家庭画報の編集長時代から旧知の川崎阿久里様が、その評判を聞きつけ「是非、このお教室をご本にいたしましょう」と有り難くお勧め頂きました。川崎様ご自身も東京から祇園の本店まで毎月お通いになり、発案二年、構想と準備に一年を掛けて、後藤晴彦様と内容を練り上げてくださいました。お互いに先代からのご縁の京焼窯元の叶松谷先生にはお力添えを賜りました。改めて御礼申し上げます。『和食の教科書』以来、気心の知れた大道雪代様が生気溢れる美しい写真を撮ってくださいました。

改めて申し上げますが、食べるということは、長い人生にとりまして、最も大切にしなければならないことの一つだと思います。ご家庭では、高価な食材を用い、豪華な料理を作ることなど全く必要の無いことであります。ありきたりの食材で普通のお料理を美味しく作ることこそ、目標とすべきものであります。この本に携わってくださったスタッフの皆様に心から感謝申し上げます。重ねて、読者の皆様のお料理の上達に少しでもお役に立てば幸甚に存じます。

令和元年十一月吉日

森川裕之

著者紹介

森川裕之　もりかわ・ひろゆき

1962年京都・祇園町生まれ。

日本初の板前割烹として、それまでの宴席料理とは一線を画す食のスタイルで革命をおこした「浜作」（創業昭和2年）三代目主人として、その様式を守り、一期一会の精神で板場に立っている。昆布の王道とも言える真昆布を使い、上方の正統な技法でとった出汁を用いた料理文化を継承、日本料理の伝統を大切に守りながら第一線で活躍。プロの育成のみならず、「浜作料理教室」を主宰するなど、広く一般にも京料理の魅力を発信。次の世代に日本の料理文化を伝える。「現代の名工（平成29年度　厚生労働省　卓越技能者）」として表彰される。趣味は美術・音楽、芸術全般。

著書に『和食の教科書　ぎをん献立帖』『和食の教科書　ぎをん丼手習帖』（共に世界文化社）、『京料理の品格』（PHP研究所）がある。

（写真：鍋島徳恭）

京ぎをん

浜作

住所：京都市中京区新町通六角下ル360

電話：075（561）0330

https://kyoto-gion-hamasaku.com/

割烹、料理教室ともHPよりお問い合わせください。

浜作　女将：森川洋子

武中貴代

教室マネージャー：前田絢奈

料理アシスタント：安江洋造

田辺敦子

宇野彩花

杉本佳世

下村彩菜

三島葉子

山下香織

馬場健詞

山口智子

協力　叶 松谷

［チェリーテラス］井手櫻子

［Antique Chocolat］山根有美子

撮影　大道雪代

装丁・本文デザイン

オフィスハル＋岩間佐和子

編集協力　後藤晴彦

関根麻実子

DTP制作　株式会社明昌堂

校正　株式会社円水社

編集　川崎阿久里（世界文化社）

本の内容に関するお問い合わせは、以下の問い合わせフォームにお寄せください。

https://x.gd/ydsUz

京ぎをん

浜作料理教室

四季の御献立

発行日　2019年12月10日　初版第1刷発行

2025年4月15日　第2刷発行

著　者　森川裕之

発行者　千葉由希子

発　行　株式会社世界文化社

〒102-8187

東京都千代田区九段北4-2-29

編集部　電話　03（3262）5118

販売部　電話　03（3262）5115

印刷・製本　株式会社共同印刷

ISBN978-4-418-19325-7